Beate Scherrmann-Gerstetter & Manfred Scherrmann

Endlich in Frieden mit den Eltern

Das Buch

Unsere Beziehung zu Vater und zu Mutter ist für unser gesamtes Leben zentral. Es kann sehr belastend sein, wenn in dieser Beziehung etwas nicht stimmt, oder wenn gar dauerhafte, ungelöste Konflikte zwischen den Eltern und uns bestehen. So viel auch gekämpft, gelitten, gehofft und daran gearbeitet wurde: Alte Wunden schmerzen auch noch nach Jahrzehnten und können immer wieder aufflackern und viel Energie und Lebensfreude rauben. Wie können Dauerkonflikte mit dem Vater, mit der Mutter oder mit beiden in Ordnung gebracht werden? In ihrer familientherapeutischen Praxis und in den Seminaren, die die Autoren gemeinsam durchführen, haben sie sich dieses Themas besonders angenommen und wirksame Methoden entwickelt, wie diese Baustelle endlich geschlossen werden kann. Jeder, so versichern die Autoren, kann sich von solchen alten Belastungen lösen, Frieden finden und frei werden für das eigene Leben. Viele berührende Erfahrungsberichte aus der familientherapeutischen Praxis machen Mut und geben Zuversicht.

Die Autoren

Beate Scherrmann-Gerstetter, Diplompädagogin und Theologin; Ausbildung in Einzel- und Paar-Therapie (DAJEB).
Manfred Scherrmann, Paar- und Familientherapeut mit Schwerpunkt Systemische Therapie und Supervision; Praxis für systemische Lösungen für Paare und Einzelpersonen.

Beate Scherrmann-Gerstetter
&
Manfred Scherrmann

Endlich in Frieden mit den Eltern

– und frei für das eigene Leben

HERDER

FREIBURG · BASEL · WIEN

HERDER spektrum Band 6785

MIX
Papier aus verantwortungsvollen Quellen
FSC® C083411
www.fsc.org

Titel der Originalausgabe:
Endlich in Frieden mit den Eltern
– und frei für das eigene Leben
ISBN 978-3-451-61125-4

www.herder.de

Umschlaggestaltung: agentur Idee
Umschlagmotiv: © Pakhnyushchyy - Fotolia.com

Satz: de.te.pe, Aalen
Herstellung: CPI books GmbH, Leck

ISBN: 978-3-451-06785-3

Inhalt

Vorwort

Wenn Sie an Ihre Eltern denken – wie geht es Ihnen damit? Sind Sie innerlich in Frieden mit Ihnen? Oder haben Sie viele Vorwürfe an Ihre Mutter oder an Ihren Vater oder an beide? Vielleicht fühlt es sich zur Mutter hin für Sie ganz gut an, aber mit Ihrem Vater haben Sie sich schon immer schwergetan. Oder Sie sind in Dauerkonflikt mit Ihrer Mutter, während Sie Ihren Vater in Ordnung finden. Es kann auch sein, Sie haben mit beiden ein Thema und würden das Kapitel Eltern am liebsten komplett abhaken, weil es insgesamt so belastend ist.

Bei unserer Arbeit in Beratung und Therapie und in unseren gemeinsamen Seminaren nimmt das Elternthema einen großen Raum ein. Viele der vorgetragenen Anliegen beziehen sich direkt auf das Verhältnis zum Vater, zur Mutter oder zu beiden. Alte Wunden schmerzen, auch noch nach Jahrzehnten, und immer wieder aufflackernde Konflikte in der Gegenwart rauben Energie und Lebensfreude. Viele unserer Klientinnen und Klienten empfinden ihr Elternthema als Dauerbrenner, mal mit kleiner Flamme, mal bedrohlich auflodernd, aber immer vorhanden. Die meisten von ihnen haben schon viel gekämpft, viel gelitten, sich bemüht, mit mehr oder weniger Erfolg. Manche haben sich innerlich und bisweilen auch äußerlich aus der Beziehung verabschiedet, jedoch ohne wirklich Frieden zu finden.

Darüber hinaus kommt das Elternthema häufig zum Vorschein, wo es auf den ersten Blick gar nicht vermutet würde – bei Problemen in der Partnerschaft, Schwierigkeiten mit den Kindern, beruflichem Misserfolg und auch im Zusammenhang mit Gesundheit und Krankheit. In welch hohem Maße unser Leben davon abhängen kann, ob es uns gelingt, mit unseren

Eltern in Frieden zu kommen, das berührt uns immer wieder von Neuem.

Das Thema Vater und das Thema Mutter ist für unser aller Leben ganz zentral. Nicht ohne Grund gibt es dazu eine große Zahl von Büchern. Wir haben uns entschieden, dieser Sammlung ein weiteres Buch hinzuzufügen, weil wir einen eigenen lösungsorientierten Ansatz haben, der so noch nie beschrieben wurde.

In dem ersten Teil unseres Buches haben wir uns bemüht, ein lebendiges, realitätsnahes Bild der Nöte und Schwierigkeiten zu zeichnen, die viele Menschen mit ihren Eltern haben. Dann kommen weit verbreitete, aber letztlich ungeeignete Lösungsversuche auf den Prüfstand. Wir hoffen, Sie als Leserin oder Leser finden sich darin mit Ihren speziellen Fragestellungen und bisherigen Bemühungen wieder und werden neugierig auf das, was wir Ihnen als Lösungen anbieten.

Dabei befassen wir uns zum einen mit der Frage, was grundlegend wichtig ist, um mit den Eltern ins Reine zu kommen. Worum geht es im Kern, wenn ich mit meinen Eltern in Frieden kommen will? Was macht mich wirklich frei für mein eigenes Leben? Aus unserer Sicht ist dabei die Würdigung schwerer Familienschicksale und insbesondere die Achtung vor dem »Lebensrucksack« der Eltern von zentraler Bedeutung. Diese Zusammenhänge, die noch viel zu wenig bekannt sind, werden wir Ihnen in einigen Kapiteln unseres Buches erläutern.

Zum anderen beschreiben wir sehr praxisbezogen, was im Einzelfall weiterführen kann. Wir erläutern die verschiedenen Schritte, die sich unserer Erfahrung nach bewährt haben, um dauerhaft in Einklang mit Vater und Mutter zu kommen. Was kann ich konkret tun, um all das in Ordnung zu bringen, was in

Unordnung ist? Und wie gehe ich mit aktuellen Herausforderungen um? Was ist wichtig zu beachten, damit ich nicht wieder in Altes zurückfalle? Sie werden detaillierte Beschreibungen verschiedener Vorgehensweisen und Rituale vorfinden, die geeignet sind, Sie beim Erreichen Ihrer Ziele zu unterstützen. Es gibt Erfahrungswerte, was in welchem Fall auf möglichst kurzem Weg zum Ziel führen kann.

Unser Buch richtet sich an die zahlreichen Menschen, die mit ihren Anstrengungen, ihre Not bezüglich ihrer Mutter oder ihrem Vater zu überwinden, immer wieder gescheitert sind und trotzdem nicht aufgeben wollen. Diesen möchten wir mit unserem Buch eine Hilfe an die Hand geben, endlich da hinzukommen, wo sie hinkommen wollen. Es richtet sich auch an diejenigen, die nach jahrelangen heftigen Auseinandersetzungen mit ihrer Mutter oder ihrem Vater jegliche Hoffnung aufgegeben haben, noch Frieden mit ihren Eltern zu finden. Ihnen möchten wir Mut machen, aus ihrer Resignation aufzubrechen und es mit einem neuen Ansatz nochmals zu versuchen.

Außerdem möchten wir den Zusammenhang bekannter machen, der zwischen ungelösten Elternthemen und Schwierigkeiten in anderen Lebensbereichen besteht. Wir sind überzeugt, viele Menschen würden nicht lange zögern, ihre Elternthemen zu einem guten Ergebnis zu führen, wenn sie wüssten, wie stark diese sich auf ihr ganzes Leben auswirken und was alles damit zusammenhängt.

Bücher können positive Veränderungen anstoßen. Im Idealfall sind sie ein Wegbereiter und Wegbegleiter. Mit unserem ersten Buch »Das Brave-Tochter-Syndrom … und wie frau sich davon befreit« haben wir viele Frauen mit ihrer ganz speziellen Lebensproblematik des Zu-tüchtig-Seins erreicht. Zahlreiche positive Rückmeldungen und Dankesschreiben waren für uns ein Ansporn, das Thema Eltern zu »beackern« in der Hoffnung, auch diesmal wieder vielen Menschen bei einem für sie zentralen Lebensthema weiterhelfen zu können.

Wenn eine ungute Beziehung zu Ihrer Mutter oder Ihrem Vater oder zu beiden Sie einengt, dann muss das nicht so bleiben. Sie können das ändern. Es ist möglich, Lasten bezüglich der Eltern loszuwerden und dadurch den Rücken freizubekommen für das eigene Leben.

Noch eine kurze Ergänzung durch den männlichen Autor: Wie belastend und lähmend das Thema Eltern sein kann, habe ich selbst sehr existenziell am eigenen Leib und der eigenen Seele erfahren. Ich war davon persönlich heftig betroffen. Erst spät habe ich zum Frieden mit meinen Eltern gefunden. Da ich selbst die damit verbundene Erleichterung und Befreiung erlebt habe, ist es mir ein Herzensanliegen, mit unserem Buch Menschen zu ermutigen, diesen Frieden zu suchen und sie dabei zu unterstützen, ihn auch zu finden.

Teil 1: Von Nöten und Lösungsversuchen

Familien, in denen die Generationen miteinander gut auskommen – gibt es die wirklich? Die Oma hütet die Enkelkinder, drängt sich aber nicht auf und respektiert die Erziehungsvorstellungen der Eltern. Der Vater ist stolz auf seinen Sohn, der es beruflich zu etwas gebracht hat, und der Sohn lässt es sich gefallen, dass sein Vater ein wenig mit ihm angibt – der Vater braucht das wohl nach allem, was in seinem Leben schiefgelaufen ist. Und einmal im Jahr gibt es sogar einen Drei-Generationen-Urlaub in der familieneigenen Hütte in den Bergen, auf den sich alle schon lange vorher freuen. Wer von den Geschwistern es einrichten kann, kommt gerne. Eltern und erwachsene Kinder lassen einander gelten, und zugleich weiß man sich als Familie einander zugehörig.

Nach allem, was Sie aus Ihrer eigenen Familie oder Ihrem persönlichen Umfeld kennen: Können Sie sich so eine Familie überhaupt vorstellen? Ist sie ein Idealbild, das der Überprüfung an der Wirklichkeit nicht standhält? Möglicherweise. In jedem Fall ruft dieses Bild neben aller Skepsis eine tiefe Sehnsucht hervor: Endlich Frieden mit den Eltern! Endlich respektiert werden und nicht mehr als Kind behandelt und vereinnahmt werden! Endlich das ruhen lassen können, was es Schlimmes gab! Endlich das eigene Leben leben!

Wir möchten Sie einladen, im ersten Teil unseres Buches sowohl einen Blick auf die verschiedenen Baustellen zu werfen, die erwachsene Kinder bezogen auf ihre Eltern haben können, als auch auf die unterschiedlichen, nicht wirklich erfolgreichen Bemühungen, diese Baustellen zu schließen. Sie werden verstehen, warum manches nicht funktionieren kann. Im Umkehrschluss lassen sich bisweilen aus dem, was nicht funktioniert, überraschende Erkenntnisse gewinnen, wie Fortschritte erreicht werden können.

Ungeklärte Elternkonflikte
sind die Lebenskonflikte überhaupt.
Barbara Dobrick

Ständig Stress mit den Eltern

Menschen, die sich mit ihrer Mutter oder mit ihrem Vater oder mit beiden schwertun, berichten von vielerlei unterschiedlichen Nöten. Unsere Liste dazu ist lang. Manches wird Ihnen vermutlich vertraut sein:

»Nichts kann ich meiner Mutter recht machen, nie ist sie zufrieden.«

»Meine Mutter behandelt mich mit meinen vierzig Jahren immer noch so, wie wenn ich nicht alleine zurechtkäme. Für sie bin ich immer noch das Kind, obwohl ich schon lange verheiratet bin und selber Kinder habe.«

»Sie will immer haarklein wissen, was ich gemacht habe, was mich beschäftigt, was ich plane.«

»Mein Vater hat die Vorstellung, dass ich als Sohn jederzeit für ihn da zu sein habe, wenn's was anzupacken gibt. Er meldet sich nur, wenn er etwas von mir will.«

»Meine Mutter würde am liebsten auch noch bestimmen, was ich anziehe und was für eine Frisur ich trage.«

»Meine Mutter erwartet mehr an Zuwendung von mir, als

ich leisten kann – tägliche Telefonate, wöchentliche Besuche; ich bin ständig in Bereitschaft.«

»Da ich arbeitslos bin, machen meine Eltern mir Druck: Ich hätte die Kündigung vermeiden können, ich soll mich intensiver um eine neue Stelle kümmern, wir müssten halt mehr sparen …«

»Meine Mutter mischt sich ständig in die Erziehung unserer Kinder ein.«

»Weil ich mich von meinem Mann getrennt habe, machen mir meine Eltern das Leben schwer. Erst hat er ihnen nicht gepasst, und jetzt ergreifen sie Partei für meinen geschiedenen Mann und geben mir allein die Schuld, dass die Ehe gescheitert ist.«

»Mein Vater ist ständig im Clinch mit meinem Mann, und an unserem Ältesten kritisiert er auch dauernd herum.«

»Meine Eltern interessieren sich überhaupt nicht für mich. Nie rufen sie an. Besuche finden nur bei der Familie meines Bruders statt. Das war schon immer so, dass er bevorzugt wurde und ich nicht wichtig war.«

Vielleicht wollen Sie kurz prüfen, was Ihre persönlichen Themen sind? Wodurch müsste diese Zusammenstellung speziell für Sie ergänzt werden?

Hinter jeder einzelnen dieser Äußerungen steht in der Regel eine leidvolle, individuelle Geschichte des Erduldens oder des Kämpfens. Manche Kinder haben sich immer wieder Einmischung verbeten, andere haben mit Engelszungen argumentiert, sie haben Wünsche erfüllt oder vielerlei Kompromisse gemacht. Doch alle Anläufe, zu einem vernünftigen Miteinander zu kommen, waren vergeblich. Der Vater oder die Mutter oder beide verhalten sich nach wie vor »unmöglich«, sind nie zufrieden, verweigern Gespräche, rauben dem Sohn oder der Tochter den letzten Nerv.

Die aktuellen Nöte reichen meistens, wie im letzten Beispiel, bis in die Kindheit zurück. Das in der Kindheit Erlebte ist oft sogar das eigentliche Thema, welches in der Tiefe belastet. Das erklärt die Erbitterung des Kampfes, der zwischen manchen Eltern und Kindern tobt. In anderen Fällen kann das Verhältnis zu den Eltern nach außen recht normal erscheinen. Man hat sich arrangiert und lässt die Vergangenheit bewusst außen vor: »Es lässt sich ja sowieso nichts mehr daran ändern.« Wenn da nur nicht immer wieder diese Reibereien wären und die gelegentlichen heftigen Konflikte …

Viele Menschen kennen Schwankungen, was das Verhältnis zu ihren Eltern betrifft. Phasenweise kommen sie besser mit ihnen zurecht, dann wieder schlechter. Manchmal lassen sich Gründe dafür finden, manchmal auch nicht. Wenn sie zum Beispiel hören, was andere in ihrer Kindheit alles mitmachen mussten oder immer noch seitens ihrer Eltern aushalten müssen, kommen ihnen die eigenen Erlebnisse plötzlich nicht mehr so extrem schlimm vor. Umgekehrt, wenn andere davon erzählen, wie schön es bei ihnen daheim war und welch harmonisches Miteinander auch jetzt noch in der Familie herrscht, fallen sie wieder in ein tiefes Loch. Manchmal wissen sie nicht mehr, was angemessen ist und was nicht. Sie zweifeln an der eigenen Wahrnehmung und den eigenen Gefühlen. Und damit haben sie dann noch eine zusätzliche Last: »Vielleicht bin ich ja wirklich zu empfindlich. Ich müsste eigentlich doch besser mit meinen Eltern klarkommen.«

Manchen Menschen gelingt es, über eine lange Zeit stabil zu bleiben, indem sie weitgehend ihr eigenes Leben leben. Doch bei Veränderungen im Leben der Eltern, etwa wenn Vater oder Mutter plötzlich pflegebedürftig werden, können ungelöste alte Konflikte mit Macht aufbrechen. Auch einschneidende Ereignisse im eigenen Leben wie der Verlust des Arbeitsplatzes, das Scheitern der Ehe oder eine schwere Krankheit können alles bisher Geltende in Frage stellen. Oft zeigt sich dann, wie brüchig das Fundament des eigenen Lebenshauses ist. Die Vergangenheit mit ihren Enttäuschungen und unerfüllten Erwartungen lässt sich nicht länger ignorieren.

Der inzwischen verstorbene Regisseur Christoph Schlingensief fasste diese Erfahrung nach seiner Diagnose Lungenkrebs in einem Interview in folgende Worte: »Da knallt es plötzlich im Leben, und alle Sicherungsmaßnahmen sind erst einmal außer Kraft gesetzt, auch das Verhältnis zu mir und darüber hinaus zu meinen Freunden, meiner Lebensgefährtin, meinem verstorbenen Vater und meiner kränkelnden Mutter …« Schlagartig wird ihm klar, wie es um seine Beziehung zu seinen Eltern steht: »Natürlich habe ich in meinem bisherigen Leben extrem um Anerkennung gekämpft. Mir war wahnsinnig wichtig, dass ich geliebt werde, auch von meinen Eltern, dass sie sehen, aus ihrem Jungen ist doch etwas geworden …«

Wie Menschen mit ihren Elternnöten umgehen, ist also phasenweise und individuell verschieden. Von außen betrachtet erscheinen manche Strategien eher förderlich als andere, und für Familienmitglieder oder Freunde, die den Kampf gegen Windmühlenflügel oder eine Art Vogel-Strauß-Verhalten miterleben, ist das Zuschauen bisweilen schwer. Zum Teil machen sie sich Sorgen, zum Teil schütteln sie den Kopf. Sie würden manches ganz anders machen, bis hin zu dem ausgesprochenen oder unausgesprochenen Vorwurf: »So, wie du dich verhältst, brauchst du dich nicht zu wundern, dass es immer wieder knallt; dass die Eltern beleidigt sind; dass sie dir gute Ratschläge geben.«

Hilfreich für die Betroffenen sind solche Botschaften natürlich nicht. Sie erzeugen zusätzlichen Stress. Vielleicht kennen Sie das aus eigener Erfahrung. Wenn ich sowieso schon kämpfe oder verletzt bin, ist Kritik das, was ich am wenigsten brauchen kann. Was ich dann von den Menschen um mich herum brauchen würde, wäre Verständnis oder zumindest Respekt.

Als besonders belastend erleben es viele Erwachsene, wenn sie sich in der Auseinandersetzung mit ihren Eltern vom eigenen Ehepartner im Stich gelassen oder kritisiert fühlen. Oft ist es für die Ehefrau schwer auszuhalten, wenn ihr Mann – »typisch Mann« – wenig sagt, alles mit sich selbst ausmacht, die Probleme kleinredet oder ignoriert. Sie möchte vielmehr, dass ihr Mann »in die Gänge« kommt. Er soll endlich seiner Mutter Grenzen setzen oder das schon lange geplante Gespräch mit seinem Vater führen, er soll dies tun und jenes besser lassen. Für den betroffenen Ehemann entsteht dadurch zusätzlicher Druck: Nun hat er eine weitere »Baustelle«, weil seine Frau so unzufrieden mit ihm ist und ihn nervt.

Andererseits fühlt sich so mancher Ehemann von dem »typisch weiblichen« Bedürfnis seiner Frau nach Gespräch und aktiver Unterstützung überfordert. Wenn schon kein Gespräch mit den Eltern über die konflikthaften Themen möglich ist, möchte sie wenigstens ausführlich und wenn nötig immer wieder mit ihrem Mann darüber reden. Hält er das für sinnlos oder reagiert genervt, weil es immer um dieselben Geschichten geht, fühlt sie sich allein gelassen und eher stärker belastet als erleichtert.

Probleme mit den eigenen Eltern können, so die leidvolle Erfahrung vieler erwachsener Kinder, das ganze Leben überschatten und viel Kraft kosten. Sie ziehen oft weitere Konflikte nach sich – auf der Paarebene, mit den eigenen Kindern, die die Nase voll haben von den Streitereien und Klagen, mit den Geschwistern, die meist alles ganz anders sehen. Familienfeste werden oft anstrengend, Geburtstagsbesuche zu bedrohlichen oder lästigen Veranstaltungen. Es könnte alles so schön sein, wenn die Eltern endlich einiges begreifen und sich ändern würden …

In die Fremde mit hinaus
kannst du größeren Schatz nicht tragen
als den Traum vom Elternhaus,
als das Glück aus Kindertagen.
(aus einem alten Poesiealbum)

Es war so schlimm

Die Kindheit ein Schatz? Kindertage voller Glück? Für viele Menschen ist der »Traum vom Elternhaus« eher ein Alptraum, der sie auch nach langen Jahren und räumlich fern von den Eltern nicht loslässt. Nach allem, was sie erlebt haben, muss ihnen der zitierte Vers wie blanker Hohn vorkommen.

Immer wieder sind wir betroffen, wie viele unserer Klientinnen und Klienten in ihrer Kindheit Schlimmes erfahren haben: Schläge vom Vater oder Stiefvater oder von der Mutter; sexueller Missbrauch durch Familienangehörige; alkoholkranke Eltern. Daneben gibt es eine Vielzahl von weniger spektakulären, aber ebenfalls schmerzlichen Kindheitserfahrungen, die mit dem Verhalten von Vater und Mutter zusammenhängen: Die Eltern waren ungerecht, haben Schwester oder Bruder bevorzugt, gaben immer dem Kind die Schuld, hatten nie Zeit für das Kind, waren extrem streng, hatten kein Verständnis für die kindlichen Nöte, stellten sich bei Problemen nicht hinter das Kind, überforderten es mit ihren Erwartungen und Forderungen, stellten es vor anderen bloß.

Viele hatten das Gefühl, sie hätten »anders« sein sollen, so wie der Bruder, der immer als Vorbild hingestellt wurde, oder so wie die Schwester, die der Liebling des Vaters war. »Nie war es genug, was ich geleistet habe«, so eine Klientin: »Ich war nicht gut genug in der Schule, daheim nicht fleißig genug, nicht so zuverlässig und geschickt wie meine große Schwester. Dass mein Vater mal mit mir zufrieden gewesen wäre, daran kann ich mich nicht erinnern. Die ständige Abwertung war das eigentlich Schlimme, ich galt überhaupt nichts.«

Solche Verletzungen heilen oft nur unvollständig. Die vernarbten Stellen bleiben auf Dauer empfindlich oder brechen bei entsprechenden Anlässen wieder auf. Das ist nach den Erkenntnissen der neueren Gehirnforschung auch kein Wunder. Dem Hirnforscher Gerald Hüther zufolge sind die frühen Erfahrungen eines Kindes besonders fest und tief im Hirn verankert, besonders wenn sie sehr intensiv waren, wenn sie sozusagen unter die Haut gegangen sind. Dann schleppen Menschen sie sehr lange mit sich herum.

Wenn es zu den negativen Kindheitserlebnissen mit den Eltern kein Gegengewicht gibt durch entsprechende positive Erfahrungen, fühlt sich das Kind ungeliebt. »Meine Eltern haben mich nicht geliebt«, diese Kurzfassung des kindlichen Erlebens hören wir häufig. Manchmal bezieht sich diese Aussage nur auf den Vater oder nur auf die Mutter, zum anderen Elternteil hin fühlt es sich besser an. Doch der Schmerz wird dadurch allenfalls etwas gemildert, nicht aber aufgehoben.

Eine besondere Problematik haben oft die Kinder, die sich als »eigentlich nicht erwünscht« bezeichnen. Die Schwangerschaft war nicht geplant, sondern war ein sogenannter Unfall; die Eltern wollten gar kein Kind und »mussten« heiraten. Oder: »Eigentlich hätten die Eltern nach drei Jungen ein Mädchen gewollt, und jetzt – ein Nachkömmling und wieder ein Junge.« Für viele ist es schlimm, wenn sie erfahren, dass an Abtreibung gedacht worden war oder dass sie einen Abtreibungsversuch überlebt haben. Sie erleben sich als unerwünscht und können es nicht glauben, wenn ihnen später gesagt wurde, natürlich seien sie dann doch willkommen gewesen. Besonders wenn die Ehe der Eltern nicht glücklich ist, fühlen sie sich schuldig und als Last.

Von einer schlimmen Kindheit berichten auch Erwachsene, die »eigentlich« eine ganz liebe Mutter und/oder einen ganz lieben Vater hatten, bei denen aber die familiären oder wirtschaftlichen Verhältnisse so schwierig waren, dass von einer glücklichen Kindheit nicht die Rede sein kann. Aus unterschiedlichen Gründen gab es häufig Streit zwischen den Eltern: Der Vater hat getrunken; die Mutter konnte nicht mit dem ohnehin knappen Geld umgehen; die Familie wohnte im Haus der Großeltern, diese mischten sich ständig ein. Oder die Eltern lebten nebeneinanderher, es wurde nicht viel geredet, es herrschte eine unpersönliche oder bedrückende Atmosphäre. Und wenn überhaupt gesprochen wurde, ging es meistens ums Geld.

In anderen Familien bestimmte Krankheit den Alltag, wie bei Frau B.: »Meine Mutter war ständig krank. Wenn ich darüber nachdenke, kenne ich sie eigentlich nur krank. Ich hatte schon als Kind den Eindruck, sie hat sich in ihre Krankheit geflüchtet. Sie war nach allem, was ich weiß, ein verzärteltes Einzelkind, und durch ihr ständiges Kranksein drehte sich alles um sie. Ich hatte einerseits Mitleid mit ihr, wenn es ihr so schlecht ging, andererseits war ich aber auch wütend auf sie.«

In der Familie von Herrn D. stand der jüngste Bruder immer im Mittelpunkt, der durch eine leichte geistige Behinderung besondere Aufmerksamkeit brauchte. Die älteren Geschwister wurden einerseits in die Betreuung eingespannt, waren sich aber andererseits weitgehend selbst überlassen.

»Wir waren nie eine richtige Familie«, so lautet das Lebensthema vieler Erwachsener, die nicht mit beiden leiblichen Elternteilen aufgewachsen sind. Der Bericht von Frau Z. ist typisch: »Meine Eltern haben sich scheiden lassen, als ich klein war. Ich bin bei der Mutter geblieben und hatte kaum Kontakt zu meinem Vater. Es gab auch nach der Trennung ständig Zoff zwischen den Eltern, ums Geld und um die Besuchsregelung. Mit meinem Stiefvater, den es dann irgendwann gab, habe ich mich einigermaßen verstanden, aber eine richtige Familie waren wir nicht.«

Ähnlich empfinden das auch Erwachsene, die zu einer Zeit, in der dies noch ein Makel oder zumindest noch nicht üblich war, unehelich geboren wurden und von Geburt an nur mit ihrer Mutter plus eventuell Großeltern zusammenlebten. Zu einer »richtigen« Familie gehörte einfach ein Vater dazu, so wie bei den meisten anderen Kindern.

Manchen ging es wie Herrn T.: »Kurz bevor ich in die Schule kam, hat meine Mutter meinen Vater und mich und meinen jüngeren Bruder verlassen und ist zu einem anderen Mann weit weggezogen. Jahrelang hat sie sich dann nicht mehr um uns gekümmert. Die Hintergründe habe ich erst viel später erfahren. Bei uns im Dorf wurde über uns viel geredet, und die Leute haben uns mitleidig angesehen. Mein Vater hatte noch lange die Hoffnung, dass meine Mutter zurückkommen würde, und hat versucht, zusammen mit der Oma eine gewisse Normalität herzustellen. Aber normal war unsere Familie für mich nicht.«

Es gibt noch viele weitere Gründe, weshalb Menschen mit ihrer Kindheit hadern, egal ob die Familie vollständig war oder nicht. Öfter als man denkt, schämen sie sich ihrer Eltern: Der Vater war ungelernter Arbeiter, hatte nach dem Krieg nicht mehr richtig Fuß gefasst; der Großvater mütterlicherseits war strammer Nazi; die Mutter war Deutsche aus Bessarabien, zeit ihres Lebens blieb sie ihrer einfachen bäuerlichen Herkunft verhaftet; der Vater war immer wieder in der Psychiatrie; die Mutter hatte massive Alkoholprobleme; der Vater hatte den Familienbetrieb gegen die Wand gefahren. Auch das Umgekehrte haben wir erlebt: Kinder schämen sich ihrer »guten Herkunft« oder des Reichtums ihrer Familie.

Manche haben sich nie als wirklich zur Familie gehörig gefühlt. Irgendetwas stimmte da nicht, entweder mit ihnen selbst oder mit der Familie. Sie waren so ganz anders als die Geschwister, die offenbar keine Probleme mit den Eltern hatten und auch sonst gut funktionierten. Außer ihnen stellte keiner den Eltern unbequeme Fragen zu Nazizeit und Weltkrieg, und nur sie fanden es seltsam, dass es zur väterlichen Verwandtschaft keinen Kontakt gab. Offenbar gab es Tabus und Familiengeheimnisse, und es war besser, nicht daran zu rühren.

Alt werden ist unvermeidlich,
erwachsen werden freiwillig.
Donna Hedges

Immer noch das Kind

Laut Gesetz werden Jugendliche in Deutschland mit 18 Jahren volljährig. Der 18. Geburtstag ist daher ein ganz besonderer. Er wird entsprechend gefeiert, Eltern oder Großeltern setzen Gratulationsanzeigen in die Zeitung – endlich erwachsen! Das ist die eine Seite.

Die andere Seite ist nicht so einfach. Für die Eltern sind sie weiter das Kind, und auch viele junge Menschen selbst halten sich für noch nicht so richtig erwachsen. Sich auf einen Schlag erwachsen fühlen und von heute auf morgen auch so behandelt werden, das funktioniert nicht. Doch es ist natürlich ein Unterschied, ob man selbst von sich sagt, man sei noch nicht so ganz erwachsen, oder ob man von den Eltern weiter als Kind behandelt wird. Und wenn das dann nach Jahrzehnten immer noch geschieht, ist das verständlicherweise ein Ärgernis für die meisten erwachsenen Kinder. Oft gibt es dann Streit, oder es herrscht eine Zeit lang Funkstille. Irgendwann wird der

Kontakt wieder aufgenommen, und wieder läuft derselbe Film ab.

Viele Erwachsene, die von ihren Eltern nach wie vor als Kind behandelt werden, stellen fest: Im Grunde sind die Eltern sich treu geblieben. Auseinandersetzungen gab es schon immer. Die Mutter wusste schon immer, was am besten für alle war. Der Vater hatte schon immer feste Vorstellungen, wie die Kinder zu sein hatten. Und beide waren seit jeher eher besorgt und ängstlich. Doch irgendwann muss ja Schluss sein mit dem Sich-Sorgen und der Bevormundung! Warum nur können die Eltern es nicht lassen? Hört das denn nie auf? Sie hätten doch allen Grund, mit dem erfolgreichen Sohn zufrieden zu sein! Sie könnten sich doch endlich etwas zurücklehnen und genießen! Warum nur geht das nicht?

Warum-Fragen stellen sich auch diejenigen erwachsenen Kinder, die bezüglich ihrer Eltern ganz andere Wünsche haben: Sie selbst hätten gerne mehr Kontakt, aber ihre Eltern kümmern sich wenig oder gar nicht um sie. Jegliches Interesse scheint zu fehlen, die Eltern leben ihr eigenes Leben. Von selbst melden sie sich nur ausnahmsweise, Besuche hinüber und herüber finden höchst selten statt, meist nur bei offiziellen Anlässen wie runden Geburtstagen.

In manchen Fällen gibt es handfeste Gründe für seltene Kontakte: Die Eltern sind schon gebrechlich und vollauf damit beschäftigt, ihren Alltag auf die Reihe zu bringen. Selbst zum Hörer zu greifen kommt ihnen nicht in den Sinn, und Schreiben geht schon gar nicht. Oder die Eltern sind beide noch berufstätig, zudem gibt es noch den pflegebedürftigen Vater der Mutter. Schwierig wird es in solchen Fällen meist dann, wenn die Zuwendung der viel beschäftigten Eltern unterschiedlich verteilt wird: Für das eine Kind haben sie Zeit und Interesse, für die anderen nicht. Für die jüngste Schwester und deren Kinder sind sie immer da: »Da werden wir mehr gebraucht, du kommst ja gut alleine zurecht.« Oder der Kontakt zwischen Mutter und ältestem Bruder ist ganz eng; die anderen Geschwister bekommen mehr zufällig mit, was da alles läuft.

Schmerzlich ist es auch, wenn zwar Kontakt besteht, es aber immer nur um die Eltern geht, wie bei Frau R.: »Wenn ich bei meinen Eltern anrufe, ist natürlich meine Mutter am anderen Ende der Leitung. Am Ende des Gesprächs weiß ich genau, was sie so alles machen, welche alten und neuen Beschwerden sie haben, wie unmöglich sich dieser oder jener wieder benommen hat, wie schwierig doch alles ist, auch mit dem Papa. Nachfragen, wie es mir geht oder was bei uns gerade läuft, das erlebe ich nie. Und wenn ich selbst anfange zu berichten, nimmt sie das als Stichwort, gleich wieder von sich zu erzählen, wie das bei ihr früher war und was sie da gemacht hat. Wenn ich dann meinen Vater ausnahmsweise mal an die Strippe bekomme, ist das auch nicht wirklich befriedigend. Er redet kaum etwas, auch er fragt nicht nach, und das Gespräch ist dann schnell zu Ende.«

Frau R. hat schon gar keine Lust mehr anzurufen, meldet sich aber dennoch früher oder später wieder, vor allem weil sie sich Sorgen um ihren Vater macht. Dass ihre Mutter mal von sich aus anruft, diese Hoffnung hat sie schon aufgegeben, ebenso wie alle Versuche, ihr Verhalten zu verstehen. Seit einiger Zeit beschäftigt sie eine Frage ganz besonders: Wenn andere Kontakte so einseitig laufen würden, hätte sie schon längst einen Schlussstrich gezogen – warum nur schafft sie das bei den Eltern nicht? Hängt das mit ihrer christlichen Erziehung zusammen? »Du sollst Vater und Mutter ehren«, hat sie das so stark verinnerlicht? Wenn sie sich nicht mehr oder nur zu besonderen Anlässen melden würde, hätte sie ein schlechtes Gewissen, wie wenn sie ihre Tochterpflichten vernachlässigen würde. Gerne würde sie es so machen wie ihre Freundin, die aufgrund ähnlicher Erfahrungen bei ihrer Mutter einfach nicht mehr anruft: »Wenn etwas Wichtiges mit Vater ist oder sonst etwas Ernstes, wird sie sich schon melden. Und wenn nicht, kann ich es auch nicht ändern. Meinen Bruder gibt es schließlich auch noch.«

Immer noch das Kind sein, das kann also Unterschiedliches bedeuten: Im einen Fall behandeln die Eltern ihre erwachsenen Kinder weiterhin so, als ob sie noch klein wären oder noch daheim leben würden. Diese sind jedoch erwachsen und verstehen sich auch so und möchten über ihr Tun und Lassen selber bestimmen. Sie sind »selber groß«, und es wäre ihnen ganz recht, wenn die Eltern sie zwar im Blick hätten, sich aber nicht einmischen würden.

Im anderen Fall haben die Eltern das Kind nicht oder sehr wenig im Blick, aber gerade das ist dem erwachsenen Kind ein Problem – es möchte mehr von den Eltern, als diese ihm geben. Es leidet darunter, dass es offenbar nicht wichtig für die Eltern ist. Aber war es denn überhaupt mal wichtig? Auch in einem solchen Fall sind die Eltern sich meist treu geblieben. Es war schon immer so, dass die Mutter sich eigentlich nur um sich selbst drehte und das Kind sich allein gelassen fühlte, während der Vater kaum etwas sagte. Auch hier erfüllte sich die Hoffnung nicht, dass sich die Beziehung zu den Eltern zum Guten wenden würde.

Schauen wir auf das Verhalten der Eltern, erscheinen diese beiden Formen von Eltern-Kind-Beziehungen extrem verschieden. Nehmen wir jedoch die Kinder in den Blick, zeigt sich eine entscheidende Gemeinsamkeit: In beiden Fällen gelingt es den erwachsenen Kindern trotz aller Bemühungen nicht, ihre Beziehung zu den Eltern »souverän und freundlich zu gestalten«, wie es die Journalistin Barbara Dobrick einmal formuliert hat. Grund dafür ist, dass sie sich noch nicht wirklich von den Eltern abgenabelt haben. Das Bedürfnis nach

Anerkennung und Lob von den Eltern, der Wunsch, sie sollen sich für mich und mein Leben interessieren, die innere Ausrichtung auf das, was die Eltern tun und sagen, all das ist Ausdruck einer noch nicht vollzogenen Ablösung.

Wenn ich wirklich abgenabelt bin, kann ich mich gelassen abgrenzen. Ich kann mir in wirksamer Weise Respekt verschaffen. Ich kann es aushalten, dass mein Vater etwas grundlegend anders sieht als ich, dass es an bestimmten Punkten unweigerlich zu einem Konflikt mit der Mutter kommt und dass zeitweise Funkstille herrscht. Ich bin nicht mehr auf das Wohlwollen meiner Eltern angewiesen, und ich bin nicht für ihr Wohlbefinden verantwortlich.

Sich zur rechten Zeit und in angemessener Weise abzunabeln ist in modernen Gesellschaften schwierig. Es fehlen äußere Ablöserituale von den Eltern. Um in einer neuen, erwachsenen Weise mit den Eltern in Beziehung zu treten, ist es jedoch unerlässlich, sich von der Kindheit zu verabschieden und klare Grenzen gegenüber den Eltern zu ziehen. Für manche Menschen ist das eine lebenslange Herausforderung und Aufgabe.

Manche allerdings scheinen das Thema Ablösung nicht zu kennen. Sie haben ein ganz enges, ungebrochenes Verhältnis zu ihren Eltern. Sie sind liebe Kinder geblieben, und das ist für sie so in Ordnung. Schwierigkeiten damit, dass sie so nahe bei Vater oder Mutter oder bei beiden stehen, haben sie selbst in der Regel nicht – wohl aber bisweilen ihre Ehe- oder Lebenspartner. Der jüngste Sohn, der immer noch jeden Tag nach dem Dienst bei seiner verwitweten Mutter vorbeischaut, obwohl die Schwester im Haus wohnt und die Mutter noch ganz rüstig ist; die Ehefrau, die bei jedem Konflikt mit ihrem Mann ganz selbstverständlich Zuflucht bei ihren Eltern sucht und für ein paar Tage dort bleibt; der 50-jährige einzige Sohn, der nie geheiratet hat, sondern noch immer bei seiner alten Mutter im

Elternhaus wohnt und ganz zufrieden wirkt; die junge Frau, die auf Wunsch ihrer Eltern am Heimatort eine Ausbildung macht, obwohl sie ursprünglich wegziehen und studieren wollte – sie alle verharren ein Stück weit in ihrer Kindheit.

Manche spüren zwischendurch schon, dass eigentlich ein Entwicklungsschritt nötig wäre, scheuen sich aber, ihn zu tun, und finden tausend Gründe dafür. Gerald Hüther spricht in diesem Zusammenhang von »Veränderungsverhinderungsargumenten«: Eigentlich wollen diese Menschen gar nicht erwachsen werden. Sie haben Angst vor dem Neuen, das Vertraute gibt Sicherheit. Allerdings verbauen sie sich so den Weg zu neuen Erfahrungen, zur Fülle des Lebens. Sie schneiden sich von einem Teil ihrer Lebensmöglichkeiten ab. Und das in der Regel ganz ohne Not.

Und was nun? Wie geht es weiter? Schauen wir uns zunächst einmal genauer an, was Menschen alles versuchen, um ihren Nöten ein Ende zu bereiten. Es wird sich zeigen, Vieles kann einfach nicht funktionieren.

Wer über längere Zeit Probleme haben will,
muss sie aktiv aufrechterhalten, sonst verschwinden sie.
Arnold Retzer

Von ungeeigneten Lösungsversuchen

Probleme sind dazu da, gelöst zu werden. Sie lösen sich nicht von allein. Solche Überzeugungen sind weit verbreitet. Sie spornen die Tatkraft an und können denen, die nicht aktiv werden, ein schlechtes Gewissen machen – selbst schuld, wenn sich nichts ändert, sie kommen ja nicht in die Gänge.

Eine tiefe Wahrheit erkennt man daran, dass zugleich ihr Gegenteil wahr ist. Das trifft auch für den Umgang mit Problemen zu. »Die meisten Probleme lösen sich von selbst, man darf sie nur nicht dabei stören« – diese provozierende Feststellung, mit einem Augenzwinkern vorgetragen, hat nach anfänglichem Unverständnis und heftigem Protest schon viele Klientinnen und Klienten zum Nachdenken gebracht. War es möglich, dass sie durch ihr Verhalten die Probleme beim Verschwinden gestört und sogar zu ihrer Verfestigung beigetragen haben? Dann hätten sie ja mit all ihren Bemühungen das Gegenteil von dem bewirkt, was sie eigentlich wollten.

Viele Menschen versuchen, ihre Not in Bezug auf ihre Mutter oder ihren Vater dadurch zu lindern, dass sie äußerlich Distanz zwischen sich und die Eltern bringen. Schon als Jugendliche hatten sie die Hoffnung, das Verhältnis zu den Eltern würde sich mit dem Auszug aus dem Elternhaus »normalisieren«. So ziehen sie daheim aus, sobald sie finanziell auf eigenen Füßen stehen. Oder sie suchen sich eine Ausbildungsstelle oder einen Studienplatz weit weg vom Wohnort der Eltern. Manche wandern gar aus, um mit der äußerlichen Entfernung auch innerlich Distanz zu schaffen. Das bringt vielleicht ein wenig Erleichterung, löst die Schwierigkeiten aber nicht wirklich. Das Elend ist dadurch nicht überwunden.

Ebenso verhält es sich mit den Versuchen, durch eine Verringerung der Kontakte zu innerem Abstand zu gelangen. Offener Streit mit den Eltern wird weitgehend vermieden. Eine möglichst geringe »Dosis Elternkontakt« ist das Maximum, was angesichts alter Verletzungen oder ständiger Auseinandersetzungen zu verkraften ist, wie bei Frau G.: »Bei jedem Besuch gab es früher oder später Streit, ich war abends fix und fertig. Irgendwann hat es mir dann einfach gereicht. Wir gehen jetzt bloß noch zu den Geburtstagen hin, und das nur noch zum Kaffeetrinken und nicht mehr den ganzen Tag. Das ist schon ein Fortschritt, aber natürlich fühle ich mich nicht wirklich gut damit. Ich denke viel an meine Eltern und hätte gerne eine bessere Beziehung zu ihnen.«

Und Frau E. berichtet: »Früher habe ich mindestens einmal in der Woche bei meiner Mutter angerufen. Mein Vater ist schon vor zehn Jahren gestorben, seitdem lebt sie allein. Aber ich habe einfach keine Lust mehr, mir immer wieder anzuhören, wie toll meine große Schwester alles macht und wie süß und klug ihre Kinder sind. Ich habe ihr mehrfach gesagt, dass mich das nervt und verletzt, doch ihr Verhalten ist gleich geblieben. Wahrscheinlich will sie meine Bedürfnisse nicht ernst nehmen, sonst könnte sie das doch lassen, so schwer ist das doch nicht. Jetzt rufe ich nur noch gelegentlich an, wenn ich den Nerv dazu habe. Mich gar nicht mehr zu melden schaffe ich nicht, schließlich ist sie ja meine Mutter.«

Das Elternthema loszuwerden, das ist offensichtlich nicht einfach. Selbst mit einem vollständigen Kontaktabbruch ist das nicht zu schaffen, es lässt sich nicht mit Gewalt lösen. Im Gegenteil, Vorwürfe binden, und Zorn und Hass verstärken die innere Bindung noch zusätzlich. Das ist uns klar, wenn es um Partnerschaften geht: Solange ich noch voller Wut auf meinen geschiedenen Mann oder meine geschiedene Frau blicke, bin ich noch »verhakelt« und nicht wirklich frei. Bezogen auf die Eltern wird diese Dynamik oft nicht gesehen, obwohl sie noch stärker wirkt und zentraler für das Leben eines Menschen ist. Schließlich ist die Bindung zur Mutter ja die allererste und allerwichtigste für das Kind, und der Vater kommt gleich danach, egal ob er körperlich anwesend ist oder nicht. Dazu später mehr.

Halten wir fest: Die Versuche, über äußere Distanzierung von den Eltern innerlich wirklich frei zu werden, führen in eine Sackgasse. Je mehr ich strampele, desto enger wird das Netz, in dem ich gefangen bin. Durch meine von enttäuschten kindlichen Erwartungen bestimmten Lösungsversuche trage ich unterm Strich dazu bei, dass alles beim Alten bleibt und eher noch schwieriger wird. Menschliche Vernunft und Erfahrung gebietet in einem solchen Fall, mit dem aufzuhören, was sich als wenig oder gar nicht wirksam erwiesen hat.

Diese Erkenntnis gilt nicht nur für Versuche, das Elternthema durch Verringerung oder Einstellung des Kontakts abzuschließen. Sie gilt auch für alle Bemühungen, durch immer wieder neues Zugehen auf die Eltern, durch Hilfsbereitschaft, Entgegenkommen, Kompromisse, »Liebsein« die Beziehung zu verbessern. Manchmal lässt sich dadurch eine kurzzeitige Entspannung erreichen, neue Hoffnung keimt auf. Doch über kurz oder lang ist alles wieder wie zuvor, und es stellt sich die Frage: Wie oft muss ich noch auf die Nase fallen, bis ich endlich begreife, dass ein Vorankommen so nicht möglich ist?

Als ebenso fruchtlos erweisen sich vielfach Gespräche mit den Eltern über Vergangenes oder über schon länger strittige Themen. Am Ende solcher Klärungsversuche steht selten eine Entspannung der Beziehung. Viel häufiger wird nochmals deutlich, wie weit Eltern und Kinder auseinander sind, und die unterschiedlichen Sichtweisen stehen noch härter gegeneinander. Der innere Abstand wird eher größer als kleiner, alles ist noch verfahrener als zuvor. Im Nachhinein zeigt sich, es wäre besser gewesen, den Mund zu halten. Weniger ist oft mehr.

Um zu einer Klärung der Elternbeziehung zu kommen sind auch Warum-Fragen beliebt. Auf den ersten Blick erscheinen sie ganz sinnvoll. Immerhin wird versucht, die Eltern zu verstehen, statt sie gleich zu attackieren. Vielleicht gibt es ja nachvollziehbare Gründe, die ihr Verhalten erklären oder es sogar entschuldigen. Im direkten Gespräch mit Vater oder Mutter gestellt, handelt es sich jedoch so gut wie nie um echte, sachliche Fragen, sondern eher um Vorwürfe oder Unterstellungen in Frageform: »Warum hast du dich nie für mich interessiert?« »Warum musst du immer an mir herummeckern?« »Wieso hast du immer mir die Schuld gegeben, wenn etwas schief gelaufen ist?« Klar, dass darauf keine befriedigenden Antworten kommen. Wahrscheinlich sehen die Eltern das ganz anders, zudem mag sich niemand gerne rechtfertigen. Auch Warum-Fragen können also dazu beitragen, die Fronten zu verhärten und das eigene ungute Gefühl bezüglich der Eltern zu verstärken.

Das Gleiche passiert in der Regel, wenn wir im stillen Kämmerlein darüber grübeln, warum dieses oder jenes so war, wie es war. Oder wenn wir unseren Kummer bei einer Freundin oder einem Freund abladen: »Warum nur hat sich die Mutter nicht schützend vor mich gestellt, wenn der Vater so ungerecht war?« »Warum hat mein Vater immer den jüngeren Bruder vorgezogen?« »Warum herrscht dieses Schweigen zwischen meinem Vater und mir? Und warum endet jedes Telefonat mit meiner Mutter im Streit?« » Warum nur verstehen meine Eltern nicht, dass ich erwachsen bin und mein eigenes Leben leben möchte?« Zufriedenstellende Antworten auf solche Fragen lassen sich in der Regel weder durch Nachdenken noch durch Gespräche finden.

Sofern Antworten gefunden werden, folgt in der Regel gleich ein: »Ja, aber…«, wie bei Frau M.: »Meine Mutter mischt sich ständig in mein Leben ein, ich versteh das einfach nicht. Kann ja sein, dass sie sich Sorgen um mich macht und mir deshalb immer reinredet. Aber ich habe eher den Eindruck, sie kann einfach nicht zugeben, dass ich vieles ganz gut gemacht habe. Sie ist neidisch auf das, was ich erreicht habe. Warum nur kann sie nicht mal ein anerkennendes Wort sagen oder mich wenigstens gelten lassen?«

Oder wie bei Frau St., die in ihrer Kindheit regelmäßig von ihrem Vater geschlagen worden ist: »Ich mache immer noch daran herum, dass sich meine Mutter dem Vater nicht in den Weg gestellt hat. Klar, sie war nicht gerade die Kräftigste und hatte auch selber Angst. Und wahrscheinlich hätte er trotzdem weiter geprügelt, das sehe ich schon. Aber sie hätte es wenigstens versuchen müssen. Und es stimmt schon, mein Vater hat in seiner Kindheit selbst nichts anderes gekannt als Schläge. Aber gerade deshalb begreife ich nicht, dass er dann selber so viel geschlagen hat.«

Wenn wir versuchen, unsere Elternthemen durch Nachdenken zu klären, geraten wir sehr leicht ins Grübeln und damit in einen seelischen Abwärtssog. »Grübeln führt nachweislich nur zu noch mehr Grübeln«, so der Arzt und Autor Eckart von Hirschhausen. Grübeln ist unproduktiv und schädlich, wir sollten es möglichst schnell unterbrechen. Denn danach geht es uns schlechter als zuvor. Wir sind dann wieder einmal nicht weitergekommen, und das wirkt sich nicht gerade positiv auf das Selbstwertgefühl aus. Was noch schwerer wiegt: Wir haben es sogar geschafft, aktiv dazu beizutragen, dass unsere Not bestehen bleibt. Denn je mehr Aufmerksamkeit wir einem Thema widmen, desto größer wird es und desto wahrscheinlicher ist es, dass es uns noch lange erhalten bleibt. Wenn wir wirklich unsere Elternthemen zu einem guten Ende bringen wollen, sollten wir unbedingt vermeiden, immer wieder den vertrauten negativen Gedanken und Urteilen nachzuhängen – wir tun uns damit selbst nichts Gutes.

Es ist nicht leicht, von diesen ungeeigneten Lösungsstrategien wegzukommen. Das hängt vor allem damit zusammen, dass sie uns schon sehr lange vertraut sind. Oft sehen wir auch keine Alternativen. Zudem gehen wir, ohne uns dessen bewusst zu sein, von bestimmten Grundannahmen aus, wie Menschen ganz allgemein und speziell Eltern zu funktionieren haben. Es lohnt sich, einige dieser Überzeugungen näher anzuschauen und zu hinterfragen.

Da es förderlich für die Gesundheit ist,
habe ich beschlossen, glücklich zu sein.
Voltaire

Die Macht der Glaubenssätze

Glaubenssätze im Sinne von Grundüberzeugungen hat jeder Mensch. Sie geben Orientierung und Halt und ein Gefühl von Zugehörigkeit. Zum Teil gehören sie zum gesellschaftlichen Konsens, zum Teil werden sie geprägt durch die Familie oder durch Gruppen, zu denen ein Mensch gehört. Einzelne Situationen lassen sich mit ihrer Hilfe bewerten und einordnen, insofern sind sie ausgesprochen hilfreich.

Sie haben aber auch ihre Schattenseiten. So können sie etwa auf Einzelfälle angewandt werden, für die sie überhaupt nicht geeignet sind. Oder sie nehmen die Form von Vorurteilen an. Bezogen auf unsere eigenen Glaubenssätze sind wir häufig betriebsblind. Bei anderen Menschen fallen uns Ungereimtheiten schon eher auf. Doch je mehr Menschen eine Grundüberzeugung teilen, desto weniger wird sie hinterfragt – alles klar, das sehe ich auch so, natürlich stimmt das. Doch gerade da ist die Gefahr groß, dass Dinge über einen Kamm geschoren werden, die differenzierter betrachtet in einem ganz anderen Licht erscheinen.

Einer dieser machtvollen, weit verbreiteten Glaubensätze ist uns schon im Zusammenhang mit den Warum-Fragen begegnet: »Wenn ich es verstehen würde, könnte ich es weglegen.«

Diese Aussage trifft sicherlich bei vielen Sachfragen zu, etwa wenn ich unbedingt wissen will, wie etwas funktioniert, und es nach langem Kopfzerbrechen endlich herausgefunden habe. Auch bezogen auf den zwischenmenschlichen Bereich ist sie nicht rundum falsch. Wir alle kennen Situationen, in denen ein anfänglicher Ärger sich legt, wenn geklärt ist, was los war – warum die Freundin nicht zum vereinbarten Treffen erschienen ist, warum die Tochter entgegen der Abmachung doch nicht angerufen hat, warum die Kollegin plötzlich so giftig ist. Desgleichen lassen sich Enttäuschungen leichter verkraften, wenn nachvollziehbar ist, wieso ein Versprechen nicht gehalten werden konnte oder ein Plan umgeworfen werden musste. Eine Erklärung, möglichst in Verbindung mit einem Ausdruck echten Bedauerns, kann meistens die Wogen glätten. Allerdings nicht immer. Die vorgetragenen Gründe müssen schon stichhaltig sein, und zwar nach meinen Wertmaßstäben. Ob sie ausreichen, um das »Vergehen« zu entschuldigen, darüber entscheide ich.

Manchmal helfen allerdings die detailliertesten Erklärungen des anderen und intensivstes Nachdenken über seine Beweggründe nicht weiter. Es gibt Enttäuschungen, Kränkungen, Verletzungen, die so heftig und tief sind, dass sie trotz aller Erklärungen weiter schmerzen und rumoren. Der verlassene Ehemann leidet weiter unverändert stark unter der Trennung, auch wenn er rational nachvollziehen kann, dass seine Frau nach allem, was er ihr zugemutet hat, nicht mehr wollte und konnte. Auch dann, wenn ein geliebter Mensch sich das Leben nimmt, wird die Begrenztheit von verstandesmäßigem Begreifenwollen deutlich. Warum nur hat er das getan? Warum hat er mir das angetan? Etwas leichter wird es bisweilen schon, wenn mein Grübeln zu dem Ergebnis führt, ich bin nicht schuld. Doch der tiefe Schmerz bleibt. Das Finden von Gründen führt auch hier nicht zu der erhofften großen Entlastung.

Immer da, wo sehr wichtige, enge Beziehungen betroffen sind, reicht verstandesmäßiges Verstehen nicht aus. Wie sollte das anders sein bezogen auf die existenziellsten aller menschlichen Beziehungen, nämlich die zur Mutter und zum Vater? Wenn Sie sich das klarmachen, fällt es Ihnen vermutlich leichter, nicht immer wieder über denselben unbeantworteten Fragen zu grübeln und Ihren Eltern nicht immer wieder Warum-Fragen zu stellen, auf die es doch keine befriedigenden Antworten gibt.

Ein anderer weit verbreiteter Glaubenssatz lautet: »Wer will, kann auch.« Sie erinnern sich an Frau E., die sich am Telefon immer wieder Loblieder auf ihre Schwester anhören musste und ihrer Mutter einfach nicht vermitteln konnte, wie nervig und verletzend das ist. Resigniert-vorwurfsvoll kommt sie zu dem Schluss: »So schwer ist das doch nicht zu verstehen. Wenn die Mutter es verstehen wollte, könnte sie das auch. Vermutlich will sie es einfach nicht – es ist ihr egal, zu mühsam oder was auch immer.«

Dieser festen Überzeugung, »die Eltern hätten es anders machen können, wenn sie nur gewollt hätten«, begegnen wir immer wieder, in unterschiedlichem Gewand. Dazu einige Beispiele:

Bei Frau W., Mitte 40, drehte sich daheim alles ums Geld. Der Vater hatte früh den Schreinerbetrieb von seinem gesundheitlich angeschlagenen Vater übernehmen müssen, und die Mutter machte das Büro: »Es sah für mich immer so aus, wie wenn der Betrieb kurz vor dem Bankrott stünde. Alles drehte sich nämlich immer ums Geld. Da habe ich halt zähneknirschend nachmittags meine kleinen Geschwister gehütet. Sie waren sechs und acht Jahre jünger als ich. Ich habe kaum mal aufgemuckt, weil es immer hieß, es geht nicht anders, Mama muss wieder ins Büro. Erst ab der Pubertät habe ich dann kapiert, dass es eigentlich nie so knapp war, und eine richtige Wut auf meine Eltern bekommen. Wenn sie nur gewollt hätten, hätten sie durchaus jemanden fürs Büro einstellen können. Dann hätte sich meine Mutter selber mehr um meine Geschwister kümmern können. So hatte ich ständig die Kleinen im Schlepptau und konnte bei vielem nicht mitmachen, was die anderen Kinder spielten.«

Herr K., der von einem abgelegenen Bauernhof kommt, verübelt es noch heute, mit Ende vierzig, seinem Vater, dass er nur die Volksschule besuchen konnte. Er hätte anschließend gerne weiter gelernt und wollte wie sein älterer Bruder ins Internat, um das Abitur zu machen: »Mein Vater sagte, für zwei Kinder könne er das nicht zahlen. Aber das wäre irgendwie schon gegangen, er hätte mir das ermöglichen können. In Wirklichkeit wollte er nur, dass einer seiner Söhne in der Nähe blieb und auf dem Hof mithelfen konnte. Außerdem hatte er wohl die Sorge, wenn wir beide so viel lernten, wären wir für den Hof verloren. Und dass es da weiterging, das war ihm das Allerwichtigste. Er hat mich sozusagen dem Hof geopfert.«

Oder die 60-jährige Frau F.: »Meine Eltern kannten nur Arbeit. Sie waren ausgebombt und mussten nach dem Krieg praktisch bei null anfangen. Das ging ja vielen Menschen damals so, doch ich fand es bei uns schon extrem und abartig. Ich habe mich immer mit meiner besten Freundin verglichen. Da war die Familie auch ausgebombt, aber wenigstens am Sonntag war mal Pause, und die Eltern haben was mit den Kindern unternommen, Verwandte besucht oder mal eine Wanderung gemacht. Das hätte ich mir auch gewünscht, und das wäre nach meiner festen Überzeugung auch möglich gewesen. Aber immer nur arbeiten, arbeiten, arbeiten. Mein Bruder und ich waren überhaupt nicht im Blick, nie hatten sie wirklich Zeit für uns. Im Grunde waren wir Kinder ihnen lästig.«

Richten wir für einen Moment den Blick weg von den Eltern auf uns selbst: Wie steht es da mit dem Wollen und Können? Schaffe ich immer alles, was ich will? Oder zumindest das, was mir sehr wichtig ist? Was ich unter allen Umständen will? Und wenn ich etwas nicht schaffe, liegt das an meiner Unfähigkeit oder an meinem mangelnden Willen? Oder habe ich mich schlichtweg nicht genug bemüht, habe ich es mir zu leicht gemacht?

Sicher fallen die Antworten nicht immer gleich aus. Manchmal fehlt es wirklich an der nötigen Anstrengung und Ausdauer, um etwas gut hinzukriegen, und manchmal führt alle Mühe nicht zu dem gewünschten Ergebnis. Selbst wissen wir meist schon, ob wir alles getan haben, was wir konnten, oder ob noch mehr möglich gewesen wäre. Das von außen zu beurteilen ist aber nicht so einfach. Meist würden wir uns kritische Kommentare verbitten. Wir haben es so gemacht, wie es für uns in der Situation gepasst hat. Manchmal wollen wir vielleicht auch nicht mehr investieren, oft geht nicht mehr. Und manchmal machen wir etwas nicht, weil wir spüren, wir haben nicht die dazu nötige Kraft, auch wenn wir es eigentlich wichtig finden und gerne tun würden.

Mit dem Wollen und Können ist das also eine komplizierte Sache. Das sehen wir bei uns selbst. Wie können wir da so sicher sein, dass unsere Eltern gekonnt hätten, wenn sie nur gewollt hätten? Warum urteilen wir da so hart und nicht so differenziert wie bei uns selber?

Das hängt zum einen damit zusammen, dass wir uns von unseren Eltern sehr verletzt fühlen. Es ist verständlicherweise nicht leicht, jemandem mildernde Umstände zuzubilligen, der uns sehr wehgetan hat. Zum anderen ist pauschales Verurteilen immer dann einfach, wenn wir zu wissen meinen, genau betrachtet aber nur wenig wissen. Dann sind wir mit Urteilen bisweilen rasch bei der Hand. So erlauben wir uns selbstverständlich ein Urteil über unsere Kindheit und unsere Eltern – wir haben ja alles selber erlebt und wissen also, wie es war.

Dass unsere Eltern diese Zeit ganz anders erlebt haben, berücksichtigen wir dabei nicht. Wir als Kinder haben ja nur einen Ausschnitt ihres Lebens mitbekommen, einen kleinen Teil ihrer Wünsche, Sorgen und Probleme, und wir haben uns darauf einen Reim gemacht, der nicht oder nur zum Teil zutrifft. Vielleicht hatten sie eine Menge an Herausforderungen zu bewältigen, von denen wir nicht viel bemerkt haben. Oder sie waren als Kinder ihrer Zeit überzeugt, mit ihren strengen Erziehungsmethoden einschließlich Schlägen das Beste für ihre Kinder zu tun. Wir urteilen also aus einer sehr eingeschränkten kindlichen Sicht.

Und außerdem: Mit welchem Recht stellen wir an unsere Eltern so hohe moralische Anforderungen? Wir werden unseren Kindern doch auch längst nicht immer in der Weise gerecht, wie wir es eigentlich wollen, und bleiben ihnen manches schuldig – wieso sollte das bei unseren Eltern anders sein? Wie würde es uns denn gehen, wenn unsere eigenen Kinder über uns als Mütter oder Väter derart urteilen würden? Würden wir das nicht als selbstgerecht empfinden? Wie kommen wir dazu, bei unseren Eltern andere Maßstäbe als bei uns selbst anzulegen?

Der Glaubenssatz, dass unsere Eltern es hätten besser oder jedenfalls anders machen können, wenn sie nur gewollt hätten, ist also äußerst fragwürdig. Er hindert uns daran, zu einem freundlicheren Umgang mit ihnen zu kommen. Er ist »entspannungsfeindlich«. Wir sollten uns deshalb von ihm verabschieden. Aber so einfach verabschieden, geht das denn überhaupt? Das kann doch gar nicht funktionieren! Überzeugungen, die man so lange gehabt hat, lassen sich doch nicht einfach zur Seite legen, und die damit verbundenen alten Gedanken und Gefühle holen einen doch immer wieder ein. »Es ist doch nicht möglich, Gedanken und Gefühle einfach abzuschalten.« Klar, phasenweise treten sie vielleicht in den Hintergrund, doch oft kommen sie dann umso heftiger wieder.

Dass wir unseren Gedanken und Gefühlen mehr oder weniger ausgeliefert sind und nichts gegen sie tun können, dieser Auffassung sind sehr viele Menschen. Es handelt sich hier um einen weiteren machtvollen Glaubenssatz, der in dieser Absolutheit einer Überprüfung ebenso wenig standhält wie die beiden vorhergehenden.

Sicher trifft es zu, dass Gedanken kommen, wie sie wollen. Wir können nichts dagegen machen, dass sie bei uns anklopfen. Wir können uns jedoch entscheiden, wieviel Raum wir ihnen geben wollen. Wir können sie beispielsweise an der Haustüre abfertigen, freundlich, aber bestimmt, oder vielleicht auch mit Nachdruck, wenn sie uns schon wieder ungebeten auf die Pelle rücken. Vielleicht wollen wir sie ja auch kurz hereinlassen, um noch etwas zu klären, aber dann reicht es auch und wir geleiten sie wieder hinaus. Falls wir sie schon von fern herankommen sehen, können wir sie vom Fenster aus vielleicht auch gleich vorbeiwinken – ein Gespräch mit ihnen bringt uns ja erfahrungsgemäß nicht weiter. Oft reißen nur alte Wunden wieder auf. Das müssen wir uns nicht antun. Es gibt wirklich Wichtigeres in unserem Leben.

Es ist ein Irrtum, zu glauben, man könne Gedanken nicht stoppen, man komme nicht von alten Gefühlen los. Eine Ausnahme bilden traumatisierte Menschen, die von alten Gefühlen und Gedanken regelrecht überflutet werden, oder auch Menschen mit schweren Depressionen oder Zwängen; sie brauchen professionelle Hilfe.

Wenn es daheim nicht so dramatisch war oder Sie psychisch nicht so stark belastet sind, können Sie prüfen, ob Sie bildlich gesprochen den Hebel umlegen wollen. Sie können beschließen, leichter zu leben. Dazu müssten Sie damit anfangen, Ihren Eltern gegenüber freundlichere Gedanken und Gefühle zu entwickeln und den alten Müll wegzulassen. Wenn Sie es bisher vergeblich versucht haben, haben Sie möglicherweise ungeeignete Strategien angewandt. Aus mangendem Erfolg lässt sich jedenfalls nicht folgern, dass so eine Umstellung grundsätzlich nicht funktionieren kann. Bisweilen allerdings ist der Weg dahin steinig und erfordert Geduld und Ausdauer. Im Kapitel »Wenn ich immer wieder in Altes zurückfalle« werden wir einige Vorschläge dazu machen, was konkret weiterhelfen kann.

Außer Glaubenssätzen wie den hier »auseinandergenommenen« gibt es noch weitere Irrtümer und Missverständnisse, die dazu beitragen, bestehende Urteile zu zementieren. Auch hier lohnt genaues Hinschauen.

Träumen Sie noch, oder genießen Sie schon?
Carmen Beilfuß

Die vollkommene Mutter – ein Mythos

Was würden Sie auf die Frage antworten, was eine »richtige« Mutter ausmacht? Sie wissen nur, wie eine »richtige« Mutter nicht ist, nämlich so wie Ihre eigene? Oder Sie finden, das ist gar nicht so leicht zu sagen? Aber wahrscheinlich zögern Sie nicht nur deshalb, sondern noch aus einem weiteren Grund: Ihnen wird gleich bewusst, dass es »richtige« Mütter wohl nur im Märchen, nicht aber in der Wirklichkeit gibt. Also was soll es, sich mit der Frage zu beschäftigen, wenn es keine »richtigen« Mütter gibt? Und überhaupt, wenn es sie nicht gibt, dann lässt sich auch nicht sagen, wie sie sind – woher sollte das denn bekannt sein?

Aber irgendwoher »wissen« wir wohl doch, wie eine »richtige« Mutter sein sollte. Die meisten Menschen haben tief innen ein Bild, das etwa so aussieht: Eine »richtige« Mutter ist gerecht, verständnisvoll, ausgeglichen, geduldig, fröhlich, selbstlos, stark. Sie liebt ihre Kinder bedingungslos, so, wie sie sind. Alle sind ihr gleich lieb. Sie ist immer für sie da. Sie sorgt für ihre Kinder. Sie schaut, dass es ihnen an nichts fehlt. Sie bietet Sicherheit und Trost. Sie stellt sich schützend vor ihre Kinder und verteidigt sie gegen alles und jeden. Sie glaubt an ihre Kinder. Wenn nötig, opfert sie sich für ihre Kinder auf. Sie versteht ohne viele Erklärungen und verzeiht alles.

Alle diese positiven Eigenschaften in sich zu vereinen schafft kein Mensch. Dieses Mutterbild ist eine Idealvorstellung, Mütter aus Fleisch und Blut können ihr nicht gerecht werden. Solche Mütter gibt es nur im Märchen. Doch selbst dort gibt es sie nicht auf Dauer. Meist sterben sie früh, stattdessen bekommen die Kinder dann eine böse Stiefmutter. »Allenfalls aus dem Himmel kann die gute Mutter noch etwas helfen, und ihr Grab ist der einzige Trost für das arme Aschenbrödel. Eine ›gute‹ Mutter ist eben nicht von dieser Welt. Es gibt sie wohl im Himmel unserer Träume, aber nicht im wahren Leben«, so die Journalistin Eva Baumann-Lerch.

Auch manche Dichter und Schriftsteller aus früheren Zeiten heben die Mutter in den Himmel. Hier einige aus der Vielzahl der Beispiele: Maxim Gorki spricht von der Mutter als dem »Herz des Weltalls«. Bei Adalbert Stifter findet sich die Aussage: »Das Mutterherz ist der schönste und unverlierbarste Platz des Sohnes, selbst wenn er schon graue Haare trägt – und jeder hat im ganzen Weltall nur ein einziges solches Herz.« Friedrich Hebbel stellt die rhetorische Frage: »Ein kleines Kind und seine Mutter zusammen: ob noch gleiche Extreme von unbegrenztem Egoismus und ebenso unbegrenzter Aufopferung zu finden sind?« Andere behaupten, in ihrer Mutter sei »nichts Schlechtes« gewesen, oder sie charakterisieren die Mutterliebe als einzigartig: »Alle andere Liebe muss erobert, verdient, erkämpft werden – die Mutterliebe hat man immer, unerworben, unverdient und allezeit bereit.« »Die ganze Welt mit ihren Schätzen, die Mutterliebe kann sie nicht ersetzen.«

Unser »Wissen«, wie eine Mutter zu sein hat, damit sie eine richtige oder zumindest eine gute Mutter ist, rührt zu einem Teil aus diesen Traditionen. Auch das Bild der Madonna als Inbegriff der Mutter schlechthin spielt mit hinein. Das Dritte Reich hat das Seine dazu beigetragen, den Muttermythos weiter auszubauen und zu verfestigen – die Mutterschaft wurde hochstilisiert zur eigentlichen Erfüllung der Frau. Eva Baumann-Lerch fasst den Mythos treffend zusammen: »›Mutter‹ bedeutet nicht nur eine verwandtschaftliche Beziehung, sondern steht für das Gute, Nährende und Hilfreiche an sich. Die Mutterliebe gilt als die reinste und selbstloseste Hingabe überhaupt.«

Viele Menschen knabbern ein Leben lang an dem Idealbild von der vollkommenen Mutter. Denn mehr als uns zumeist bewusst ist und wir wahrhaben wollen, werden wir von diesem Mutterideal bestimmt. »Eigentlich« hätte unsere Mutter anders sein müssen, hätte dem Idealbild wenigstens etwas näherkommen müssen. Dass das möglich gewesen wäre, davon sind wir tief im Innern überzeugt. Irgendwie gehört es zu einer »richtigen« Mutter, dass sie das schafft.

Doch »Mütter sind auch Menschen«, so der Titel eines lesenswerten Buches der Psychotherapeutin Claudia Haarmann. Sie haben wie alle anderen Menschen Fehler und Schwächen, nicht mehr und nicht weniger. Auch bei ihnen findet sich Egoismus, Lieblosigkeit und Gefühlskälte. Sie werten ab, kritisieren, verurteilen und entmutigen. Sie sind schwach, überfordert, ungerecht und neidisch. Sie werden nicht besser mit Problemen fertig als andere Menschen, und manchmal ist ihnen alles zu viel. Und wie sollte es auch anders sein: Wenn eine Frau Mutter wird, wird sie ja dadurch nicht automatisch ein besserer Mensch!

Eine vollkommene Mutter gibt es also nicht. Das wissen wir zwar im Kopf, aber dieses Wissen hält uns nicht davon ab, unsere eigene Mutter an diesem Ideal zu messen oder zumindest mit annähernd vollkommenen Müttern zu vergleichen, von denen wir mal gehört oder gelesen haben. Wenn die Messlatte für Mütter so hoch liegt, ist von vornherein klar, dass die allermeisten daran scheitern. Damit haben sich unsere schlimmen Kindheitserfahrungen dann einmal mehr bestätigt.

Das ist fatal, denn dadurch verfestigt sich unser Gefühl, nicht das bekommen zu haben, was wir gebraucht hätten und was uns als Kindern auch »eigentlich« zusteht. Wenn wir unsere reale Mutter im Licht einer Idealgestalt betrachten, fallen die Schatten umso intensiver aus. Hätten wir diese Lichtgestalt nicht als Modell, würden wir vermutlich milder urteilen. So aber urteilen wir eher noch härter, sind noch weniger versöhnungsbereit, empfinden uns noch mehr als zu kurz gekommen.

Dieses Gefühl der Unzufriedenheit verstärkt sich weiter, wenn wir uns durch das Märchen von der vollkommenen Mutter zum Träumen verführen lassen: Wie schön wäre es gewesen, wenn unsere Mutter anders gewesen wäre oder wir eine andere Mutter gehabt hätten. Unser Leben wäre sicher ganz anders verlaufen, viel leichter und glücklicher. Wir hätten nicht solche Selbstzweifel, wären nicht so empfindlich, würden uns nicht so viele Sorgen machen, wären beruflich erfolgreicher. Die Liste ließe sich nach Belieben fortsetzen. Je mehr Einzelheiten wir darauf setzen, umso leuchtender erscheint uns die Traumwelt. Und uns mit dem zu begnügen, was wir haben, fällt umso schwerer.

Das Gleiche geschieht, wenn wir unsere Mutter mit anderen Müttern vergleichen und zu dem Ergebnis kommen, diese waren viel liebevoller und fürsorglicher oder weniger ängstlich und besorgt als die eigene Mutter. Wäre das toll gewesen, so eine Mutter gehabt zu haben! Es ist nur seltsam, dass manche der Kinder, die wir beneidet haben, selbst ebenfalls gerne eine andere Mutter gehabt hätten: Was wir als fürsorglich gesehen haben, hat die eigene Tochter als klammernd und überbehütend erlebt. Und die andere Freundin hätte es sich gewünscht, dass sich ihre Mutter gelegentlich einmal Sorgen um sie gemacht hätte, statt sich nur um ihre Karriere zu kümmern. »Richtige« Mütter waren das wohl auch nicht …

Außer den vielen Menschen, die voller Vorwürfe gegenüber ihrer Mutter sind und kein gutes Haar an ihr lassen, gibt es auch solche, die die eigene Mutter in den Himmel heben – sie war und ist einfach toll, an sie reicht niemand heran. Diese Idealisierung der eigenen Mutter findet sich vor allem bei Söhnen. Es ist wohl auch kein Zufall, dass die Lobeshymnen auf die Mutter in der Literatur meist von Männern stammen.

Eine solche Bewunderung des Sohnes für seine Mutter, so anrührend sie auf den ersten Blick sein mag, hat aber auch ihre problematischen Seiten. Welche Frau kann es überhaupt mit einer solchen Mutter aufnehmen? Und muss der Sohn nicht immer für eine solche Mutter da sein? Eheprobleme sind in vielen Fällen vorprogrammiert, sofern ein solcher Sohn überhaupt heiratet.

Nicht nur der Traum von einer idealen Mutter, die man nie gehabt hat, sondern auch die Tendenz, die eigene Mutter romantisch zu verklären, schafft somit Probleme in der eigenen Lebenswirklichkeit. Töchter neigen zwar eher dazu, den Vater auf den Sockel zu heben. Doch auch sie sind nicht davor geschützt, ihre Mutter der Kindheit zu idealisieren. Manchmal haben Probleme mit der Schwiegermutter hier ihre Wurzel – gegenüber der tollen eigenen Mutter hat sie keine Chance. Und frau kann auch das Gefühl entwickeln: Eine so gute Mutter, wie meine es war, werde ich selber nie. Die Folge kann sein, dass sie mit sich selbst unzufrieden wird.

Für Kinder gehört es häufig dazu, die Eltern zumindest ein Stück weit zu idealisieren. Jedes Kind will Eltern haben, auf die es stolz sein kann, von denen es geliebt wird, bei denen es sicher ist. Diese Idealisierung betrifft natürlich nicht nur die Mutter, sondern in ähnlicher Weise auch den Vater. Manchmal wird auch ein Elternteil auf Kosten des anderen in den Himmel gehoben.

Die Zerstörung solcher kindlicher Mythen ist ein schmerzhafter, aber notwendiger Prozess. Er ist oft mit Angst verbunden, denn damit treten wir aus dem bisherigen schützenden Zusammenhang heraus in eine neue Phase unseres Lebens. Die Kindheit geht unwiderruflich zu Ende, wir sind nun auf uns alleine gestellt. Das verunsichert und tut weh. Es kann in solch einem Ausmaß bedrohlich erscheinen, dass Menschen diesen Prozess vermeiden wollen.

Hinzu kommt, dass wir das Gefühl haben, keine »lieben« Kinder mehr zu sein, wenn wir unsere Eltern kritisch sehen. Wir befürchten, die Liebe unserer Eltern, ja die Zugehörigkeit zur Familie zu verlieren, wenn wir genau hinsehen und auch die Fehler und Schwächen unserer Eltern wahrnehmen. Manche machen vor lauter Angst, dass sich beim näheren Hinsehen Abgründe auftun könnten, ihre Augen erst gar nicht auf oder ganz schnell wieder zu.

Zum Erwachsenwerden gehört jedoch der Blick in menschliche Abgründe, auch und gerade bezogen auf die eigenen Eltern. Die Familientherapeutin Rosemarie Welter-Enderlin hat einmal formuliert: »Wer aus lauter Angst vor dem Abgrund nur auf die vor ihm liegende Blumenwiese guckt, rutscht leicht aus.« Von der verklärten Kindheit Abschied zu nehmen und sich der Realität zu stellen ist unerlässlich, um sicheren Boden unter die Füße zu bekommen und so das Leben als erwachsener Mensch zu bestehen.

Ebenso notwendig ist es, sich vom Mythos der vollkommenen Mutter zu verabschieden. Nur so kann die eigene Mutter fairer beurteilt werden, nur so hat sie eine echte Chance, mit dem gesehen zu werden, was sie geben konnte. Natürlich bleiben viele Wünsche offen, die Mutter hätte schon anders sein können, und es wäre schön, wenn sie sich in mancher Hinsicht aktuell anders verhalten würde. Doch wenn ich Träumen nachhänge, verstelle ich mir die Möglichkeit, das zu genießen, was es an Gutem in der Wirklichkeit gab und gibt. In vielen Fällen gibt es das nämlich, zugegebenermaßen bisweilen sehr versteckt. Doch oft fehlt es an der Bereitschaft, es überhaupt zu suchen, oder das, was offen daliegt, wertzuschätzen. Die ganze Aufmerksamkeit wird durch das faszinierende Bild einer vollkommenen Mutter gebunden, und je mehr ich darauf starre, desto weniger kann ich anderes in den Blick nehmen.

Wenn Ihr hauptsächliches Thema Ihre Mutterbeziehung ist, wenn Sie sich also mit Ihrer Mutter schwertun, prüfen Sie, inwieweit der Mythos von der vollkommenen Mutter Sie zu streng urteilen lässt und Sie daran hindert, Ihre Mutter mit ihren Fehlern und Schwächen gelten zu lassen. Wenn Sie nichts auf Ihre Mutter kommen lassen und nach wie vor ein sehr inniges Verhältnis zu ihr haben, prüfen Sie, ob Sie sie nicht unangemessen idealisieren. Beides bedeutet Auf-der-Stelle-Treten, beeinträchtigt Lebendigkeit und verhindert Entwicklung. Wenn Sie sich dazu entschließen, Ihre persönlichen Mutter-Mythen zu verabschieden, können Sie danach etwas realistischer und vielleicht auch etwas freundlicher auf Ihre Mutter blicken.

Auch die Beziehung zum Vater kann durch wirklichkeitsfremde Wunschvorstellungen überschattet sein. Zwar gibt es keinen »Vater-Mythos« im strengen Sinn, doch die meisten Menschen haben sehr wohl eine klare Vorstellung, wie ein guter Vater zu sein hat. Dazu gehört auf jeden Fall, dass er sich für seine Kinder interessiert. Doch die Realität sieht häufig anders aus.

Unvermeidlich glücklich wird man erst,
wenn man sich mit dem Unvermeidlichen anfreundet.
Karl Jaspers

Von nicht erreichbaren Vätern

Wie würden Sie Ihren eigenen Vater beschreiben? War er ein guter Vater? War er eher stark oder eher schwach? Hat er finanziell gut für seine Familie gesorgt? Hat er sich für Sie interessiert und sich um Sie gekümmert? Hatte er Zeit für seine Familie? Oder hat er nur seine Arbeit gekannt? Hat er Ihnen leidgetan? Haben Sie ihn abgelehnt? Waren Sie oft enttäuscht von ihm? Oder haben Sie ihn bewundert? Und wie erleben Sie ihn jetzt?

Möglicherweise können Sie aus eigenem Erleben gar nichts darüber sagen, wie er war und wie er ist, weil Sie ihn überhaupt nicht kennen. Vielleicht hat er ja nie mit Ihnen und Ihrer Mutter zusammengelebt, oder Ihre Eltern haben sich getrennt, als Sie noch ein Baby waren. Vielleicht ist er auch tödlich verunglückt oder hat sich das Leben genommen, als Sie ganz klein waren. Wenn Sie schon etwas älter sind, ist Ihr Vater vielleicht im Krieg geblieben und hat Sie nie gesehen. Und möglicherweise wissen Sie überhaupt nicht, wer Ihr Vater ist – Ihre Mutter hütet das Geheimnis oder hat es mit ins Grab genommen.

Ohne leiblichen Vater aufzuwachsen ist für die Kinder meistens ein schweres Schicksal. Die Sehnsucht nach dem nicht oder nicht lange gehabten Vater kann eine lebenslange Wunde sein. Wir werden in Teil 3 noch gesondert darauf eingehen. Vatersehnsucht kann aber auch entstehen, wenn der Vater zwar körperlich da war, für die Kinder aber nicht wirklich erreichbar.

Das Leiden am innerlich abwesenden Vater ist sehr verbreitet. Schon als Kinder haben sich Söhne und Töchter mehr Nähe zum Vater und Verständnis von ihm gewünscht, und als Erwachsene hadern sie immer noch damit, dass beides nicht möglich war und ist. Manche suchen und finden in einer engen Gottesbeziehung einen Ersatz für das, was sie bei dem leiblichen Vater schmerzlich vermisst haben.

Eine eindrückliche Schilderung der Sehnsucht eines Sohnes nach seinem Vater findet sich in der Erzählung »Johann Sebastian Bach auf Rügen« des Autors Bernhard Schlink. Der Ich-Erzähler ist ein Sohn, der seinen alten Vater zu einer gemeinsamen Reise zu einem Bach-Fest auf Rügen einlädt, weil er ihm endlich näherkommen möchte. Der Sohn leidet unter der zwischen ihnen bestehenden Fremdheit. Er möchte von seinem Vater in seiner Sicht der Welt verstanden und respektiert werden. Vor allem aber hat er den tiefen Wunsch, zu erfahren, was seinen Vater wirklich beschäftigte und wie er eigentlich war: »Er wollte nach seinem Tod mehr von ihm haben als eine Fotografie auf dem Schreibtisch und Erinnerungen, auf die er gerne verzichtet hätte.«

Auslöser für das Reiseprojekt waren verschiedene Beobachtungen, die der Sohn bei sich gemacht hatte: Ein Film, in dem es eine wortlose Vertrautheit zwischen Vater und Tochter gibt, hatte ihn zu Tränen gerührt, und beim Anblick eines Vaters, der sich in einem Café mit seinem Sohn angeregt und freundschaftlich unterhält, waren Neid, Ärger und Bitterkeit in ihm aufgestiegen. Das gemeinsame Erlebnis der Musik von Bach, die sie beide liebten, könnte eine Chance zu mehr Nähe bieten.

Während der Reise versucht der Sohn, seinem Vater über Fragen zu dessen Leben näherzukommen: zu seiner verstorbenen ersten Frau, zu seinem beruflichen Werdegang, zu seinen musikalischen Vorlieben, zu Krieg und Nachkriegszeit. Der Vater gibt Antworten, nicht unfreundlich, aber eher kurz und für den Sohn unbefriedigend. Gelegentlich gerät der Vater ins Dozieren, bisweilen schläft er ein. Ein wirkliches Gespräch, so, wie der Sohn es sich wünscht, kommt nicht zustande. Nach seinem Eindruck fühlt sich der Vater durch die Fragen bedrängt, er will in Ruhe gelassen werden.

Der Sohn respektiert das immer wieder, macht sich aber seine Gedanken: »Warum bedrängten seine Fragen den Vater? Weil er sein Inneres nicht nach außen kehren wollte, auch nicht gegenüber seinem Sohn? Weil in seinem Inneren, dessen Türen und Fenster er nie geöffnet hatte, alles verdorrt und erstorben war und er nicht wusste, was der Sohn von ihm wollte? Weil er aufgewachsen war, bevor psychoanalytische und psychotherapeutische Entblößungen alltäglich wurden, und ihm die Sprache für Mitteilungen aus seinem Inneren fehlte?« Aber er sucht auch immer wieder das Gespräch: »Er würde mit seinem Vater morgen wieder reden. Wortlose Vertrautheit war zu viel erwartet. Auch auf wortreiche Vertrautheit brauchte er nicht zu hoffen. Aber er wollte ihn erreichen.«

Doch die Hoffnungen des Sohnes erfüllen sich nicht: »Was er erfahren wollte, würde er nicht erfahren.« Während der ganzen Zeit auf Rügen weicht die Fremdheit nicht, der Vater ist wie immer weit weg. Auf der Heimreise dann eine völlig unerwartete und den Sohn bewegende Erfahrung: Beim Anhören einer CD mit Bach-Motetten bei einem durch ein Unwetter erzwungenen Halt laufen dem Vater Tränen über das Gesicht. Gesprochen wird auch darüber nicht. Der Vater wischt sich nach Ende der CD und des Gewitters die Tränen ab und erklärt seinem Sohn lächelnd, sie könnten jetzt weiterfahren.

Zwei Aspekte in dieser berührenden Vater-Sohn-Geschichte verdienen besondere Aufmerksamkeit: Der Vater weiß gar nicht so recht, was der Sohn eigentlich von ihm will. Nach seinem Empfinden hat doch alles seine Ordnung. Er hat es so gemacht, wie es für ihn gestimmt hat – was hätte er denn anders machen sollen? Außerdem wird klar: Der Sohn kann den Vater nicht dazu zwingen, ihm genau das zu geben, was er von ihm haben möchte. Er kann nur das nehmen, was der Vater von sich aus gibt, und er muss akzeptieren, in welcher Form er es gibt. Sonst steht er am Ende wirklich mit leeren Händen da.

Wir wissen von zahlreichen Fällen, in denen Söhne und Töchter ähnliche Erfahrungen gemacht haben. Zwischen einer erwachsenen Tochter und ihrem alten Vater ist die Sprachlosigkeit manchmal nicht ganz so ausgeprägt, doch auch Töchter stoßen an Grenzen, wenn sie von ihrem alten Vater einzufordern versuchen, was sie sich ein Leben lang vergeblich gewünscht haben.

Das Leiden am fremd gebliebenen, nicht fassbaren Vater kann erst dann aufhören, wenn das erwachsene Kind sich mit dem zufriedengibt, was es vom Vater bekommen hat, obwohl es nach seinem Empfinden nur wenig oder zu wenig oder nicht das Richtige war. Es muss dem Vater zugestehen, dass dieser ihm Vater war, so gut er konnte. Sonst dauert der Kampf mit dem Vater und das Leiden an ihm ein Leben lang und hört auch mit seinem Tod nicht auf. Wie bei der Mutter geht es auch bezogen auf den Vater darum, sich von kindlichen Wunschvorstellungen und Sehnsüchten zu verabschieden und damit dem realen Vater eine echte Chance zu geben.

Ein Kind braucht emotional ganz viel von seinen Eltern, nicht nur von der Mutter, sondern auch von dem Vater: viel Aufmerksamkeit, viel Nähe, viel Verständnis. Wenn es das aus welchen Gründen auch immer nicht ausreichend bekommen hat, ist es oft schwer, sich damit abzufinden. Doch es führt kein Weg daran vorbei. Denn wenn ich auf das schaue, was gefehlt hat und was nicht gut war, fühle ich mich als Opfer. Eine Opferrolle bietet zwar meistens auch gewisse Vorteile, etwa dass ich nicht die Verantwortung für meine eigene Situation übernehmen muss, doch glücklich werde ich damit nicht wirklich.

Der Verzicht auf kindliche Sehnsüchte und Bedürfnisse sowie das Loslassen von Vorwürfen ist unerlässlich für ein glückliches Leben als erwachsener Mensch. Es gilt, sich anzufreunden mit der Tatsache, dass ich als erwachsener Mensch unvermeidlich für mich selber stehen muss und die Eltern nicht mehr für das eigene Unglück verantwortlich machen kann. Es geht darum, sich mit dem auszusöhnen, dass manches nicht so war, wie ich es mir gewünscht hätte, und dass ich manches, was ich meiner Meinung nach gebraucht hätte, nicht bekommen habe und auch nicht mehr bekommen werde. Erst dann bin ich ganz abgenabelt.

Dein Auge kann die Welt trüb oder hell dir machen.
Wie du sie ansiehst, wird sie weinen oder lachen.
Friedrich Rückert

Veränderung beginnt im Kopf

Wo stehen Sie jetzt, nachdem Sie unseren Überlegungen bis zu diesem Punkt gefolgt sind? Konnten wir Sie davon überzeugen, dass manche verbreitete Strategien wie Grübeln, Warum-Fragen und immer wieder neues Diskutieren nicht geeignet sind, Elternbaustellen zu schließen? Leuchtet es Ihnen zudem ein, dass dabei bestimmte Grundannahmen, wie Menschen im Allgemeinen und Eltern im Besonderen funktionieren, eher hinderlich sind? Sie erinnern sich – Eltern sind auch nur Menschen und können nicht alles, was sie vielleicht gerne wollen. Und ist Ihnen klar geworden, dass viele Elternbaustellen damit zusammenhängen, dass eigene kindliche Bedürfnisse, Erwartungen und Vorstellungen einen erwachsenen Umgang mit den Eltern verhindern?

In diesem Kapitel haben wir noch Weiteres zusammengetragen, was gut zu wissen und unserer Erfahrung nach hilfreich ist, um die Kindheit und insbesondere die Eltern in einem neuen Licht zu sehen. Oft ist es auf dieser Grundlage dann auch möglich, ihnen, sofern sie noch leben, in anderer Weise zu begegnen. Dazu werden wir Ihnen einige konkrete Vorschläge machen, die in manchen Fällen zu einer gewissen Entspannung führen können. In anderen Fällen werden noch weitere, mehr in die Tiefe gehende Schritte nötig sein. Darum wird es dann im zweiten Teil unseres Buches gehen.

Wenden wir uns zunächst noch einmal den Kindheitserinnerungen zu. Unter unseren Klientinnen und Klienten gibt es viele, deren Kindheit nicht durchgängig schlimm war, sondern eher »durchwachsen«. Sie erinnern sich vor allem an viel Schweres, aber nach einigem Nachfragen fällt ihnen auch Gutes oder zumindest Leichteres ein, das es zwischendurch oder nebenher auch gab. In der Erinnerung überwiegt jedoch das Negative. Das auch vorhandene Positive wird mit einem »Ja schon, aber …« abgewertet. Sie bekommen dann von uns die Aufgabe, sich mit aller Energie und immer wieder auf die guten Erfahrungen zu konzentrieren. Bisweilen findet sich dann sogar etwas, was Anlass zu Dankbarkeit gibt. Frau Pf. etwa erinnert sich, dass ihre Mutter jedes Jahr dafür gesorgt hat, dass sie und alle ihre Geschwister einen schönen Kindergeburtstag feiern konnten, trotz der vielen Arbeit auf dem Bauernhof. Herr Ö. weiß noch gut, wie seine Mutter sich immer liebevoll um ihn kümmerte, wenn er krank war, während sie sonst nie Zeit für ihn hatte. Und Frau L. erzählt unter Tränen, wie lustig ihr Vater mit ihr gespielt hat, wenn er mal eine Zeit lang nicht getrunken hatte.

Die guten Erinnerungen hervorzusuchen und gelten zu lassen bedeutet nicht, das Schlimme zu leugnen oder zu bagatellisieren – natürlich gab es das, und es muss gesehen und anerkannt und betrauert werden. Doch in der Regel hat sich die Aufmerksamkeit schon ein ganzes Leben lang darauf gerichtet. Dadurch ist es riesengroß geworden und hat mehr Raum eingenommen, als ihm zusteht und uns guttut. Es sind mehr als genug Tränen geflossen, die schlimmen Kindheitserfahrungen haben das ganze weitere Leben überschattet. Irgendwann ist es genug, es darf und kann etwas Neues kommen. Dazu gilt es, die Blickrichtung zu ändern. Dann kann sich mehr Distanz zu dem Schlimmen entwickeln, es bekommt einen geringeren Stellenwert und verblasst allmählich. Auf der anderen Seite werden die positiven Erfahrungen wichtiger. Ein differenzierteres Bild der Eltern kann entstehen, sie waren nicht nur schrecklich.

Dazu passt die schöne Geschichte von einem alten Indianer, der am Lagerfeuer seinem Enkel von den beiden Wölfen erzählt, die bisweilen in seinem Herzen kämpfen, einem grausamen, rachsüchtigen und einem sanftmütigen, liebevollen. Als der Enkel wissen will, welcher Wolf denn wohl den Kampf um sein Herz gewinnen wird, antwortet der alte Indianer: »Der, den ich füttere.«

Ob wir unsere zahlreichen negativen Erinnerungen hätscheln oder entschieden und immer wieder auf die wenigen positiven schauen, macht einen großen Unterschied. Bilder, die von selbst hochkommen oder die wir bewusst in uns aufsteigen lassen, haben Kraft. Davon war im Kapitel über die Macht der Glaubenssätze schon die Rede. Je öfter und intensiver wir uns ein Bild vorstellen, desto größer ist die Wirkung. Das Gleiche gilt für unsere Gedanken und Gefühle, negativ wie positiv – wir können sie beeinflussen, wenn wir es wirklich wollen. Eckart von Hirschhausen stellt sogar fest: »Glück ist eine Frage der Übung« – ein nachdenkenswerter Satz, den er mit Erkenntnissen aus der Hirnforschung belegt.

Wenn die Kindheit einfach nur schlimm war und Sie trotz allen Bemühens keine wirklich gute Erinnerung finden, hilft es möglicherweise, sich Folgendes klarzumachen: Seit Ihrer schlimmen Kindheit sind Jahre, vermutlich Jahrzehnte vergangen. Sie sind nicht mehr das abhängige Kind von damals. Sie sind zum Überleben nicht mehr auf die Liebe und Fürsorge Ihrer Eltern angewiesen. Sie haben einen ganz anderen, eigenen Stand im Leben, den Sie sich wahrscheinlich unter Mühen erarbeitet haben. Durch das Schwere in Ihrem Leben sind Sie zu einer ganz besonderen Persönlichkeit geworden, Sie haben Individualität und Eigengewicht ausgebildet, Sie verfügen über einen Schatz an lebensgeschichtlicher Erfahrung. Trotz widriger Umstände sind Sie groß geworden, wie eine Palme, die durch den Wind geschüttelt wird, der ihre Wurzeln kräftigt und ihr selber dadurch festen Stand und Wachstum ermöglicht. Das Schwere war letztlich auch zu etwas gut.

Das Gedeihen trotz widriger Umstände ist gar nicht so selten. Menschen werden glücklich, obwohl sie von ihren Eltern Schlimmes erfahren haben. Menschen, denen dies gelingt, schauen in der Regel mit innerem Abstand auf ihre belastete Kindheit. Bei ihnen bestätigt sich die Erkenntnis, die viele Familientherapeuten aufgrund langjähriger Erfahrung gewonnen haben: Nicht die Vergangenheit an sich bestimmt die Gegenwart, sondern die Beziehung, die ich hier und heute zur Vergangenheit herstelle. Entscheidender als das, was passiert ist, ist meine jetzige Wahrnehmungsposition. Es ist wichtig und möglich, im Hier und Jetzt, mit großem zeitlichem Abstand, die Vergangenheit neu zu bewerten und sich damit eine andere Zukunft zu eröffnen. Der Glaubenssatz »Weil meine Eltern mich so schlimm behandelt haben, kann ich nicht glücklich werden« stimmt so nicht.

Um die Distanz zu dem, was war, zu verstärken, kann es nützlich sein, darauf zu achten, in welcher Weise ich davon erzähle oder für mich selbst in Gedanken meine Eindrücke formuliere. Wenn ich sachlich über etwas berichte, habe ich mehr Abstand dazu, als wenn ich gefühlsbetont Erlebnisse schildere, so, wie es kleine Kinder in der Regel tun, oft mit Zorn in der Stimme oder unter Tränen: »Der Max war ganz böse zu mir. Er hat mir einfach den Ball weggenommen, und dann hat er mich umgeschubst, und dann haben mich alle ausgelacht.« Wenn ich in ähnlicher Weise über Gewalterfahrungen meiner Kindheit berichte, bin ich innerlich sofort wieder in der Situation von damals und fühle mich ausgeliefert, ohnmächtig, wütend und traurig. Wenn ich dagegen sachlich berichte, wie es in meiner Kindheit war, gewinne ich an Gelassenheit und Souveränität: »In meiner Kindheit gab es einiges an Gewalt. Mein Vater verprügelte mich oft, wenn er getrunken hatte. Es war schlimm, aber zum Glück ist es vorbei.« Durch die Ausdrucksweise entsteht eine gewisse Distanz zu den alten Verletzungen. Wahrscheinlich spüren Sie den Unterschied.

Die Art des Sprechens und die Wortwahl ist auch wichtig im direkten Kontakt mit den Eltern. Wenn Sie alte leidvolle Geschichten mit vorwurfsvollem Unterton ansprechen, werden die Eltern in der Regel dichtmachen. Niemand sieht sich gerne Vorwürfen ausgesetzt, schon gar nicht bezogen auf alte Sachen, die nun mal geschehen sind und sich nicht mehr ändern lassen. Und die Bereitschaft, einen Fehler oder ein Unrecht zuzugeben, wird durch Vorwürfe nicht gerade gefördert. Meist verhärten sich die Fronten weiter. Vermutlich wissen Sie das aus eigener Erfahrung.

Auch bei aktuellen Veränderungswünschen an die Eltern spielt die innere Haltung eine große Rolle. Wer seinen Eltern als forderndes Kind mit trotzigem oder patzigem Unterton entgegentritt, wird meistens nichts erreichen. Die Eltern werden dann ebenfalls in ihr altes Verhalten zurückfallen und das Kind in seine Schranken weisen. Daraus zu schließen, die Eltern seien nicht bereit oder fähig zu gewissen Veränderungen, greift zu kurz. Möglicherweise haben Sie selbst schon die Erfahrung gemacht, dass je nachdem, mit welcher inneren Haltung Sie Ihren Eltern begegnet sind, der Kontakt schwieriger oder leichter war. Es lohnt sich, nachzuforschen, was die eigenen Anteile dabei sind, positiv wie negativ, und sich auf das zu konzentrieren, was schon gelegentlich funktioniert hat.

Wenn es schon länger Ungeklärtes und Ungutes gibt, sind Kontakte in aller Regel mit Stress verbunden. Schnell entsteht Anspannung, meist bei allen Beteiligten. Die Kommunikation wird schwierig durch Missverständnisse und unterschwellige Aggressionen. Wie die Familientherapeutin Virginia Satir beschrieben hat, reagieren Menschen in solchen Stress-Situationen unterschiedlich, aber in für sie jeweils typischer Weise. Die einen gehen zum Angriff über, die anderen versuchen zu beschwichtigen und ihr Verhalten zu erklären. Wieder andere lenken ab und reden von etwas ganz anderem. Und noch andere gehen in den Kopf und analysieren, warum das alles so oder ganz anders ist oder was jetzt gerade abläuft. All diese Reaktionsformen sind gleichermaßen unangemessen, keine ist besser oder schlechter als die andere. Angemessene Kommunikation in Stress-Situationen ist eher die Ausnahme.

Es kann hilfreich sein, sich darüber klar zu werden, wie Sie selbst und wie Ihre Eltern unter Stress »ticken«. Sie werden mit großer Wahrscheinlichkeit nicht alle zum gleichen Typ gehören. Das erschwert bei Meinungsverschiedenheiten die Kommunikation: Wenn Sie selbst zum Beispiel eher zum Beschwichtigen und Erklären neigen, finden Sie es vermutlich absolut unpassend, wenn Ihr Vater zum Angriff übergeht und alles wegwischt, was Sie sagen; und schon gar nicht können Sie es brauchen, wenn Ihre Mutter einfach das Thema wechselt oder Ihnen erklärt, dass es eigentlich um etwas ganz anderes geht.

Wie schon erwähnt, keine der genannten Reaktionsformen ist besser als die andere, auch Ihre eigene nicht. Keine ist wirklich geeignet, Meinungsverschiedenheiten aufzulösen. Jeder Mensch ist aber davon überzeugt, dass sein eigenes Verhalten ganz normal ist, und er wird sich nicht davon überzeugen lassen, dass er sich ändern muss. Deshalb macht es keinen Sinn, Ihrem attackierenden Vater zu erklären, dass Sie doch nur …, und Ihre vom Thema abschweifende Mutter genervt darauf hinzuweisen, dass es um etwas ganz anderes geht.

Ändern können Sie die Unterschiedlichkeit der Reaktionen unter Stress nicht. Das Wissen darum hat aber einen großen Vorteil: An der Art der Kommunikation merken Sie in einer konkreten Situation sehr schnell, wenn sich bei Ihnen selber oder bei Ihrem Vater oder Ihrer Mutter – vermutlich in unterschiedlicher Weise – Anspannung aufbaut, und können versuchen, gegenzusteuern. Das kann etwa dadurch geschehen, dass Sie einfach mal den Mund halten, statt Ihre Position zu rechtfertigen oder dem Vater Kontra zu geben – unter Stress reagiert er halt so, da muss man ihn einfach lassen, bis er sich wieder beruhigt, der Klügere gibt nach. Oder Sie schneiden, nachdem Sie einmal tief durchgeatmet haben, ein unverfänglicheres Thema an. Manchmal hilft auch ein Lächeln oder eine freundlich-humorvolle Bemerkung. An Ihrer eigenen Reaktionsweise unter Stress können Sie nämlich sehr wohl arbeiten. Wenn Sie sich nicht in die üblichen Abläufe hineinziehen lassen, sondern einen klaren Kopf bewahren, können Sie möglicherweise eine weitere fruchtlose und kräftezehrende Eskalation verhindern, nach der es allen Beteiligten nicht besser, sondern schlechter geht als zuvor.

Die Wahrnehmung Ihrer Kindheit wird sich verändern, wenn Sie aus der Erwachsenenposition darauf zurückblicken. Das, was sich so belastend auswirkt, manchmal ein Leben lang und in den unterschiedlichsten Bezügen, ist nämlich nicht die Realität an sich, sondern das Gefühl, das sich damit verbindet. Es gibt Kinder, die unter objektiv sehr schwierigen Bedingungen Kind waren, aber trotzdem nicht hadern, sondern ohne Groll zurückblicken. Und es gibt andererseits Kinder, die von ihren Eltern umsorgt und geliebt wurden und die trotzdem das Gefühl haben, nicht genug von Vater oder Mutter bekommen zu haben. Es geht also nicht darum, die Kindheit im Nachhinein zu verändern, sondern unseren Blick darauf und vor allem das Gefühl, das wir damit verbinden.

Nachdem Sie bis hierher einiges zum Thema Eltern gelesen haben, möchten wir Ihnen am Ende dieses ersten Teils vorschlagen, in Ruhe nachzuspüren, wie Sie jetzt zu Ihrer Mutter und zu Ihrem Vater stehen. Vielleicht ist Ihnen klar geworden, Ihre Eltern haben es so gemacht, wie sie es eben konnten – besser ging es wohl nicht. Vielleicht können Sie auch sehen, dass es sogar gelegentlich glückliche Momente gab, und sich an ihnen freuen. Bezogen auf Ihren Umgang mit Ihren Schwierigkeiten haben Sie vielleicht die eine oder andere Anregung bekommen, was Sie besser lassen sollten, weil es kontraproduktiv ist. Und vielleicht haben Sie auch schon Vorstellungen entwickelt, was Sie im aktuellen Umgang mit den Eltern anders machen könnten, damit es leichter wird.

Möglicherweise haben Sie aber das Gefühl, Ihre Baustellen bestehen unverändert weiter. Sie spüren Ihre Verletzungen nach wie vor. Sie können die alten Vorwürfe an Ihren Vater nicht beiseitelegen, oder Sie möchten immer noch mehr von

Ihrer Mutter, als diese Ihnen geben konnte. Dann sind Sie noch nicht wirklich in Frieden mit Ihren Eltern und haben den Rücken nicht frei für Ihr eigenes Leben. Was in solchen Fällen weiterführt, das wird Thema des zweiten Teils unseres Buches sein.

Teil 2: Was grundlegend weiterhilft

Sich bestimmte Zusammenhänge im Kopf klarzumachen, so wie wir Ihnen das in Teil 1 erläutert haben, reicht nach unserer Erfahrung nicht immer aus. Insbesondere wenn ganz zentrale Bereiche der Elternbeziehung nicht in Ordnung sind, sind weitere, grundlegende Schritte nötig.

Der allererste Schritt ist, dass Sie sich detalliert mit Ihrer Familiengeschichte beschäftigen. Einiges ist Ihnen vermutlich vertraut, anderes liegt eher im Dunkel oder Halbdunkel. Manches kennen Sie zu Genüge aus den Erzählungen von Vater oder Mutter und können es vielleicht schon gar nicht mehr hören. Von anderem sind Sie überrascht, etwa wenn eine alte Tante beiläufig erwähnt, es habe ja eigentlich noch ein tot geborenes Brüderchen von ihr und Ihrer Mutter gegeben, oder wenn Sie beim Blättern in einem verstaubten Fotoalbum einen Ihnen unbekannten Mann in Uniform entdecken und erfahren, er war der erste Verlobte Ihrer Großmutter, der im Krieg gefallen ist.

Vielleicht wenden Sie ein, Sie hätten sich schon intensiv mit der Familiengeschichte befasst und wüssten alle wesentlichen Fakten. Doch möglicherweise ist Ihnen deren Gewicht und Reichweite nicht klar. In einem Familiensystem sind alle Mitglieder wie durch ein unsichtbares Netz miteinander verbunden. Diese Verbindung besteht über Generationen hinweg und auch mit denjenigen Familienmitgliedern, die wir gar nicht kennen oder von denen wir gar nicht wissen. Erst allmählich dringt ins öffentliche Bewusstsein, dass sich schwere Ereignisse der Familiengeschichte nicht nur auf die direkt Beteiligten und Betroffenen auswirken, sondern in vielen Fällen auch auf die Nachgeborenen. Vor allem die Erfahrungen aus der Arbeit des Familienstellens, aber auch die zahlreicher werdenden Veröffentlichungen zum Thema Kriegskinder und deren Kinder haben zu diesen wichtigen Erkenntnissen geführt.

Ich bin, so wie ich bin, weil ich das Kind meiner Eltern und Teil gerade dieses bestimmten Familiensystems bin, ob ich das gut finde oder nicht. Und auch meine Eltern sind Teil ihres jeweiligen Familiensystems und sind davon geprägt, ob sie das wollen oder nicht. Und das Gleiche gilt für die Großeltern und die Generationen vor ihnen und so weiter.

Diese Ausweitung der Sicht auf die Familiengeschichte ist sehr wichtig. Nur auf die jeweilige Kindheit zu blicken greift zu kurz. Das elterliche Verhalten hat seine Ursachen, wie auch das Verhalten der Großeltern seine Ursachen hat. Dabei werden Beurteilungen wie »gut« oder »schlecht« der Tiefendimension des individuellen Verhaltens und Lebens nicht gerecht. Ein wirkliches Verständnis der Eltern ist nur möglich, wenn ich weiß, was alles auf meine Eltern gewirkt hat. Und wie ich selbst zu dem Menschen geworden bin, der ich bin, auch das lässt sich im Grunde erst dann begreifen. Es ist also angesagt, sich mit der Familiengeschichte im Detail vertraut zu machen.

Hinschauen und anerkennen, was war

Damit Sie ganz konkret überlegen und vielleicht auch nachforschen können, was auf Ihre Eltern gewirkt hat und was damit auch für Sie und möglicherweise sogar für Ihre Kinder bedeutsam sein könnte, haben wir Ihnen eine Reihe von Punkten zusammengestellt, die beachtet werden müssen, soll das Bild der Familie komplett werden. Wenn Sie die folgenden Abschnitte lesen, werden Sie vermutlich feststellen, dass schon das Hinschauen auf das, was war, nicht unbedingt leichtfällt. Dann auch noch anzuerkennen, so war es, das alles gehört zu meiner Familiengeschichte dazu, das kann eine echte Herausforderung sein. Doch es ist unerlässlich, um weiterzukommen.

Die Geschichte der Familie erforschen

Zu einem angemessenen Umgang mit dem eigenen Familiensystem gehört ganz zentral, dass alle, die durch Geburt zu einer Familie dazugehören, auch als Familienmitglied gesehen und geachtet werden müssen. Das betrifft vor allem Kinder, die bei der Geburt oder kurz danach gestorben sind, also Geschwister von Ihnen selbst oder von Ihren Eltern. Mitgerechnet werden müssen auch Halbgeschwister in den verschiedenen Generationen sowie deren Väter beziehungsweise Mütter. Das heißt zum Beispiel, falls Ihr Vater in zweiter Ehe verheiratet ist, gehören auch seine erste Frau und die gemeinsamen Kinder aus dieser Ehe mit zu Ihrem Familiensystem, auch wenn sie bei der Mutter groß geworden sind und Sie sie vielleicht nie kennengelernt haben. Das Gleiche gilt, falls etwa Ihre Mutter einen Sohn mit in die Ehe mit Ihrem Vater gebracht hat – der leibliche Vater Ihres Halbbruders gehört zu Ihrem Familiensystem dazu und muss wie alle anderen geachtet werden. Um einen Überblick zu bekommen, wer alles dazugehört, empfiehlt es sich, eine Art Stammbaum anzulegen. Zeigen sich dabei Unstimmigkeiten oder Lücken, ist Nachforschen empfehlenswert.

Wird ein Familienmitglied vergessen oder ausgeschlossen, kann es vorkommen, dass ein nachgeborenes Familienmitglied an jenes erinnert, etwa indem es selbst auffällig, unglücklich oder sogar krank wird. Das Gleiche kann geschehen, wenn es in der Familie »schwarze Schafe« gibt, mit denen niemand etwas zu tun haben will. Auch sie müssen ihren Platz in der Familie bekommen. Diese Ordnungsarbeit ist eine wesentliche Voraussetzung dafür, dass Sie selber einen guten Platz in Ihrem Familiensystem einnehmen können.

Bei der Beschäftigung mit der Familiengeschichte ist es außerdem wichtig, diejenigen Familienmitglieder besonders in den Blick zu nehmen und zu würdigen, die ein schweres Schicksal hatten oder haben. Ebenso wie diejenigen, die schuldig geworden sind, auch sie haben ein besonders Gewicht. In vielen Familiensystemen gibt es Menschen, die mit schwerer Behinderung oder Krankheit leben müssen, die von einem schweren Unfall gezeichnet oder schlimm ums Leben gekommen sind. Es gibt Menschen, denen es nicht gelungen ist, den Familienbetrieb vor dem Bankrott zu bewahren, die sich das Leben genommen haben oder die immer wieder in die Psychiatrie kamen. Und es gibt Kinder, die weggegeben wurden, und junge Frauen, die mit einer unehelichen Schwangerschaft »Schande« über die Familie brachten und weggehen mussten.

Oft sind von ein und demselben schlimmen Ereignis zugleich mehrere Familienmitglieder in unterschiedlicher Weise betroffen. Wenn zum Beispiel eine Mutter nach jahrelangem Leiden an Krebs stirbt und ihren Ehemann mit drei Kindern zurücklassen muss, dann hat nicht nur sie selbst ein schweres Schicksal, sondern auch die Kinder, die so lange eine kranke Mutter hatten und sie dann schließlich auch noch so früh verloren haben, und der Ehemann und Vater, der alles mitgetragen hat und nach dem Tod seiner Frau mit seinen Kindern alleine dasteht.

Besonders viele schwere Schicksale gibt es im Zusammenhang mit dem Zweiten Weltkrieg und dem Naziregime. Ehemänner, Söhne und Väter sind als Soldaten gefallen oder in Kriegsgefangenschaft umgekommen. Andere haben zwar überlebt, doch Schreckliches an der Front durchgemacht. Wieder andere sind als Zivilisten im Bombenhagel gestorben oder wurden aus politischen Gründen umgebracht. Frauen haben Schlimmes erlebt: Sie haben Kinder verloren, wurden vergewaltigt, mussten ohne ihre Männer, die an der Front waren, Flucht und Vertreibung aus der Heimat überstehen. Es gab den Verlust jeder Existenzgrundlage, Hunger und Verhungern, Krankheit und Sterben, oft weil Medikamente fehlten. Und es gab Terror und Todesangst, Verfolgung und KZ-Aufenthalt. Bis heute wirkt die schlimme Zeit des Dritten Reichs und des Zweiten Weltkriegs in vielen Familien nach, auch in den Generationen, die erst danach zur Welt kamen.

An Menschen mit einem schlimmen Schicksal sind Nachgeborene bisweilen in der Weise gebunden, dass sie unbewusst versuchen, deren Los durch eigenes Leiden mitzutragen, Unrecht auszugleichen, Schuld zu sühnen. Sie sind mit diesen Familienmitgliedern, die sie meist gar nicht kennen, in unbewusster, blinder Liebe verstrickt und haben aus diesem Grund in ihrem eigenen Leben scheinbar unerklärliche Schwierigkeiten: Sie werden körperlich oder seelisch krank, Partnerschaften scheitern, sie bleiben beruflich erfolglos, Kinder werden verhaltensauffällig oder haben seltsamerweise gehäuft Unfälle.

Wir hatten zum Beispiel einen drogenabhängigen Klienten, der, wie sich zeigte, seinem im Krieg schlimm umgekommenen Großvater väterlicherseits in großem Mitgefühl verbunden war und es sich nicht gestatten konnte, glücklich und erfolgreich zu leben. In einem anderen Fall wurde bei einer Klientin, die mehrere gescheiterte Beziehungen hinter sich hatte, eine enge Verbindung zu einer Jugendliebe des Vaters deutlich. Er hatte sie kurz vor der Hochzeit sitzen lassen, weil er sich in die Mutter der Klientin verliebt hatte. Aus unbewusster Solidarität mit dieser verlassenen Frau »schaffte« es die Klientin immer wieder, ihre eigenen Beziehungen zum Scheitern zu bringen. Sie hatte keine Ahnung, was da im Verborgenen wirkte.

Solch ein Mitleiden und Sühnen nützt natürlich niemandem, nicht den Lebenden, und den Toten schon gar nicht. Wenn diese Zusammenhänge erläutert werden, leuchtet das den meisten Menschen sofort ein. Doch sich aus einer Verstrickung zu lösen, das ist nicht einfach. Durch Nachdenken und guten Willen allein ist es nicht möglich, mit Gewalt jedoch auch nicht. Gewaltsame Lösungsversuche etwa in der Weise, dass ich mit diesem oder jenem nichts zu tun haben will oder mich von meiner Familie als Ganzer distanziere, bedeuten ein Kappen der eigenen Wurzeln. Weiteres eigenes Wachstum würde dadurch erschwert. Eine echte Ablösung gelingt nur im Guten, mit freundlicher Anteilnahme und einem zugewandten Herzen. Das Hinschauen auf die Familienschicksale ist dabei ein erster Schritt. Er ist notwendig, aber nicht hinreichend.

Hinzukommen muss eine tiefe innere Bewegung des Sich-Öffnens, des Trauerns, des Achtens, des Dankens und schließlich des Loslassens. Lasten müssen respektvoll an die Personen zurückgegeben werden, zu denen sie gehören. Der eigene Platz als Kind oder Enkelkind muss eingenommen werden. Wie all das geschehen kann, dazu später mehr.

Was heißt das alles nun für unser Thema? Zum einen können Eltern wie alle anderen Menschen auch verstrickt sein mit Personen in ihrem jeweiligen Familiensystem, die ein schweres Schicksal hatten, so wie der erwähnte spielsüchtige Klient oder die Klientin mit den vielen gescheiterten Beziehungen. Sie tragen sozusagen fremde Lasten und können ihr Leben nicht in Freiheit gestalten, so, wie sie möchten. Zum anderen haben viele Eltern selbst Schlimmes erlebt, wie etwa Flucht und Vertreibung oder den frühen Verlust des Vaters. Dann sind die Eltern bewusst oder unbewusst mit Eigenem beschäftigt. Oft ist in der Folge das Eltern-Kind-Verhältnis gestört. Die Eltern können nicht wirklich als Eltern für ihre Kinder da sein, selbst wenn sie das eigentlich möchten. Sie sind irgendwie abwesend, abweisend oder schwach. Nicht selten brauchen sie sogar ihre Kinder als Stütze.

Mit anderen Worten: Was Eltern ihren Kindern geben können oder eben auch nicht, das hängt wesentlich davon ab, was sie in ihrem »Lebensrucksack« haben. Die besonders schmerzlichen und auch die mit Schuld und Scham besetzten Ereignisse haben die Eltern meist besonders tief in ihrem Herzen verschlossen. Sie sprechen nicht oder nur ansatzweise darüber, und mit den Kindern vermutlich am wenigsten. Diese spüren zwar, dass etwas nicht in Ordnung ist, dass es Geheimnisse oder Tabus gibt. Sie bekommen auch das eine oder andere aus der Familiengeschichte am Rande mit, doch sie können das alles letztlich nicht verstehen und einordnen und fühlen sich selbst alleine und verloren.

Wir hoffen, wir konnten Sie mit unseren bisherigen Ausführungen davon überzeugen, wie wichtig es ist, sich mit dem eigenen Familiensystem und speziell mit den Lebensgeschichten der Eltern und Großeltern zu befassen. Sofern Sie Vorwürfe haben an die Adresse Ihrer Mutter oder Ihres Vaters, können Sie auf diese Weise einen inneren Zugang zu Ihren Eltern bekommen. In dem, was die eigene Mutter und der eigene Vater in ihrem jeweiligen Lebensrucksack haben, liegt in der Regel der Schlüssel zum Verständnis und zum Herzen der Eltern.

Den Lebensrucksack der Mutter in den Blick nehmen

Um Ihnen zu veranschaulichen, wie fruchtbar es sein kann, sich den Lebensrucksack der Mutter genauer anzusehen, möchten wir nochmals auf das Beispiel von Frau B. eingehen, die ihre Kindheit wegen des ständigen Krankseins der Mutter als schlimm erlebt hatte. In einer Mischung aus Mitgefühl und Wut war sie zu dem vorwurfsvollen Urteil gekommen, ihre Mutter sei halt ein »verzärteltes Einzelkind« gewesen.

Aus der Familiengeschichte von Frau B. ergab sich folgendes Bild: Die Mutter hatte eine Zwillingsschwester, die kurz nach der Geburt gestorben war. Der Tod dieses Kindes war für die Mutter der Mutter schrecklich, sie kam nie darüber hinweg. Sie gab sich selbst die Schuld daran, weil sie nicht schnell genug einen Arzt geholt hatte. Die ihr gebliebene Tochter behütete sie wie ihren Augapfel und verwöhnte sie grenzenlos, zumal diese gesundheitlich nicht die Stabilste war. Dass die Mutter von Frau B. von Kindheit an immer kränkelte, hing auch mit der verstorbenen Zwillingsschwester zusammen – unbewusst blieb sie ihr durch das Kranksein verbunden und erinnerte an sie. Die Schwierigkeiten, die Frau B. mit ihrer Mutter hatte, waren also letztlich Folge eines schlimmen Ereignisses im Leben von Großmutter und Mutter. Beide hatten sehr darunter gelitten und jeweils auf ihre Weise versucht, damit fertigzuwerden. Frau B. selbst war über ihre Mutter in dieses Geschehen verstrickt, obwohl es lange vor ihrer Geburt passiert war.

Frau B. wurde sehr nachdenklich, als ihr diese Zusammenhänge klar wurden. Sie hatte zwar von diesem verstorbenen Kind gewusst, doch wie sehr die Kindheit ihrer Mutter davon bestimmt wurde, hatte sie sich nie klargemacht. Jetzt verstand sie besser, warum ihre Mutter so geworden war, wie sie sie von Kind auf erlebt hatte. Sie sah ein, dass ihr hartes Urteil über die Mutter als »verzärteltes Einzelkind« ungerecht war und nicht den Kern der Sache traf. Zudem fand sie innerlich Zugang zu ihrer längst verstorbenen Großmutter, die ja mit ihrem Verwöhnen eigentlich »schuld« an allem war. Sie konnte sich in ihren Schmerz einfühlen und die Vorwürfe ihr gegenüber lassen. In der Folge sprach Frau B. mehrfach mit ihrer Mutter über deren Kindheit und erfuhr viele Einzelheiten, von denen sie bisher keine Ahnung gehabt hatte. Ihre Mutter erschien ihr dadurch in einem ganz neuen Licht. Die Beziehung entspannte sich merklich.

Wenn Sie sich der Lebenswirklichkeit Ihrer Mutter annähern wollen, sollten Sie außer der inneren Bereitschaft dazu auch einiges an Zeit und Ausdauer mitbringen. Einen großen, bis an den Rand gefüllten Lebensrucksack auszupacken, den Inhalt zu sortieren und die Bedeutung der einzelnen Teile zu verstehen, das geht nicht so nebenbei und im Schnellverfahren. Es kann auch so anstrengend sein, dass Sie das Bedürfnis nach Pausen verspüren. Vielleicht benötigen Sie sogar mehrere Durchgänge, um alles wirklich zu begreifen. Oder Sie verschaffen sich zunächst einen Überblick und widmen sich nach und nach den verschiedenen Teilen des Inhalts. Dazu gehören natürlich Kindheit und Jugend Ihrer Mutter und dann auch das, was sie als erwachsene Frau und schließlich als Ehefrau und Mutter erlebt hat, sowie die Familiengeschichte mütterlicherseits, soweit sie Ihnen bekannt oder zugänglich ist.

Die Sorgfalt, mit der Sie den Lebensrucksack Ihrer Mutter in Augenschein nehmen, kann unserer Erfahrung nach nie zu groß sein. Denn mit einiger Wahrscheinlichkeit war vieles, was Sie zu wissen glaubten oder worüber Sie sich ein Urteil gebildet hatten, bei näherem Hinsehen anders, als Sie dachten. In vielen Fällen sind wichtige Fakten nicht bekannt. Oder es wird unterschätzt, wie einschneidend ein Ereignis gewirkt hat, wie im Beispiel von Frau B. der Tod der Zwillingsschwester der Mutter. Möglicherweise werden Sie Überraschendes, vielleicht sogar Befremdliches, Schockierendes im Lebensrucksack Ihrer Mutter finden und auch das eine oder andere Unverständliche, das trotz allen Nachforschens ein Geheimnis bleibt.

Fragen wie die folgenden können Ihnen nützlich sein bei Ihrer »Rucksackerforschung«: In was für eine familiäre Situation wurde Ihre Mutter hineingeboren? Hat sie als Kind mit beiden Elternteilen zusammengelebt? Oder waren die Eltern geschieden? Ist der Vater oder die Mutter früh gestorben? Gab es eine Stiefmutter oder einen Stiefvater? Hatte sie Geschwister und/oder Halbgeschwister? Wenn ja, wie viele? Gab es da irgendetwas Besonderes, etwa Behinderung? Wenn sie Einzelkind war, warum war das so?

Wie hat Ihre Mutter ihre Kindheit erlebt? War sie ein willkommenes Kind? Ist sie vielleicht unehelich geboren und kennt ihren Vater nicht? Liegen ihre Wurzeln väterlicherseits vielleicht in einem anderen Land oder Kulturkreis? Konnte sie wirklich Kind sein, oder musste sie frühzeitig erwachsen werden, aufgrund äußerer Umstände oder weil sie eine entsprechende Erwartung der Eltern spürte? Hatte Ihre Mutter möglicherweise ähnliche Probleme mit ihrer eigenen Mutter wie Sie jetzt mit ihr?

Auch die äußeren Lebensumstände Ihrer Mutter sind wichtig. Es macht beispielsweise einen Unterschied, ob Ihre Mutter in finanziell gesicherten Verhältnissen oder in Armut aufwuchs, ob die Familie einen stattlichen Bauernhof ihr Eigen nannte und im Dorf angesehen war oder sich mit einer kleinen Landwirtschaft mühsam über Wasser hielt und im Dorf nichts galt. Sie sollten auch herausfinden, wie es der Familie Ihrer Mutter und gegebenenfalls Ihrer Mutter selbst während der Kriegsjahre ging, besonders ob es Hunger in der Familie gab, während des Krieges oder in den schlimmen Jahren danach. Hunger hat ein ganz besonderes Gewicht, er hinterlässt Narben in der Seele der Menschen selbst und auch bei ihren Kindern.

Ebenso müssen Geburtsjahr und Geburtsort in den Blick genommen werden: Wurde Ihre Mutter zur Zeit des Dritten Reichs geboren? Oder während des Zweiten Weltkriegs? Oder in der Schwarzmarkt- und Mangelzeit nach dem Krieg? Oder erst in den 50er Jahren, als die Versorgungslage sich allmählich besserte und mit Macht der Wiederaufbau betrieben wurde? Welche Auffassungen und Methoden der Erziehung waren in ihrer Kindheit üblich, etwa solche, die aus der NS-Zeit stammten? Welches sind ihre frühesten Erfahrungen – etwa eine unbeschwerte Kindheit auf einem Gut in Ostpreußen, die dann mit Flucht und Vertreibung abrupt und schrecklich endete und ihre Fortsetzung fand in einem jahrelangen Hausen in Barackensiedlungen, zusammen mit anderen unwillkommenen Flüchtlingen? Oder hat sie als Kind oder noch im Bauch ihrer Mutter Bombennächte erlebt und ihre Kindheit zwischen Trümmerfeldern verbracht? Hat sie sich selbst nach ihrem Vater gesehnt, der im Krieg war, und die Angst der Mutter um ihn und auch um sich selbst und die Kinder gefühlt? Wurde sie vielleicht gar nicht in Deutschland, sondern in einem anderen Land geboren und musste sich hineinfinden in ganz fremde Lebensbedingungen, möglicherweise alleine, ohne ihre Familie? Welche Schicksalsschläge hatte Ihre Mutter als erwachsene Frau zu verkraften?

Es gibt nur wenige Familien in Deutschland, die nicht von den schlimmen Geschehnissen des Dritten Reichs und des Zweiten Weltkriegs in irgendeiner Form betroffen sind. Vielleicht war der Vater der Mutter im Krieg, vielleicht ist ihr Lieblingsbruder gefallen. Möglicherweise waren mehrere Männer ihrer

Familie gleichzeitig an der Front. Vielleicht wurde ihre Mutter oder eine ältere Schwester von Soldaten vergewaltigt, oder die Familie der Mutter hat ihr gesamtes Hab und Gut verloren. Vielleicht war der Vater der Mutter bei der SS oder als Offizier verantwortlich für Kriegsverbrechen, oder ein Onkel war in einem Arbeitslager, im Gefängnis oder im KZ.

Lange Zeit war das Leid der Besiegten kein öffentliches Thema. Erst seit wenigen Jahren wird in Deutschland offen über die Kriegsjahre berichtet. Sowohl durch eine Fülle filmischer Dokumentationen als auch durch viele Beschreibungen aus jener Zeit ist es heute einfacher, sich in die Menschen von damals einzufühlen und ansatzweise eine Vorstellung davon zu bekommen, wie es ihnen während der Kriegsjahre ging und in den Jahren danach. Sich kundig zu machen, das ist mittlerweile recht unkompliziert und auf vielfältige Weise möglich. Natürlich kann es belastend sein, sich mit all dem Schlimmen genauer zu befassen, doch es ist unerlässlich zum Verständnis der Generation unserer Eltern oder Großeltern und sozusagen »ein Muss«, wenn Sie wirklich Zugang zu Ihrer Mutter finden möchten. Das gilt auch dann, wenn die Auswirkungen dieser Zeit nicht offen auf der Hand liegen, weil die Familie eher weniger vom Krieg mitbekommen hat.

Nicht nur in der Öffentlichkeit herrschte in der Nachkriegszeit Schweigen über den Krieg mit all seinen Schrecken, sondern auch in fast allen Familien. Viele waren einfach nur froh, dass das Bomben und Sterben vorbei war. Das Leben musste weitergehen. Nach außen galt es zu funktionieren, so gut es eben ging. Die Schrecken der Kriegszeit wurden verdrängt und abgespaltet, äußerlich war alles »in Ordnung«, doch innerlich war vieles nicht gelöst. Die Nachfahren haben gleichsam mit der Muttermilch das mitbekommen, worüber nicht oder nur wenig gesprochen wurde. Und inzwischen ist klar, dass manche sogar die traumatischen Erfahrungen von Vater oder Mutter übernommen und entsprechend Ängste entwickelt haben, obwohl sie die bedrohlichen Situationen nicht selbst erlebt hatten.

Falls Ihre Mutter erst nach dem Krieg geboren wurde, ist sie höchstwahrscheinlich bei Eltern aufgewachsen, die von der Kriegszeit geprägt oder sogar gezeichnet waren, aber nicht darüber redeten. Sie hat gespürt, was die Eltern an Schwerem mit sich herumschleppten, auch wenn diese es tapfer zur Seite drängten. Vielleicht gehörte sie zu den zahlreichen Nachkriegskindern, die sich bemühten, es der Mama oder dem Papa oder beiden leichter zu machen, ihnen Lasten abzunehmen. Das versuchten sie durch Wohlverhalten, Fleiß, gute Leistungen und die Übernahme von Verantwortung. Aus ihnen wurden dann meist fürsorgliche Ehefrauen und Mütter, die es allen rechtmachen wollten, alles im Blick und im Griff hatten und genau wussten, wo es langgeht.

Vielleicht ist Ihre Mutter auch eine der vielen Frauen, die im Krieg ihren Vater verloren haben und ihr Leben lang ein Stück weit bedürftige Kinder geblieben sind, die von ihrem Mann und den eigenen Kindern ganz viel brauchen. Vielleicht war sie Flüchtlingskind oder hatte einen Stiefvater und hat sich deshalb sehr darauf ausgerichtet, bloß nicht aufzufallen und alles so zu machen, wie es sich gehörte.

Sie werden feststellen, viele für Sie anstrengende und unverständliche Verhaltensweisen Ihrer Mutter hängen damit zusammen, was sie in ihrem Lebensrucksack hat. Wenn Sie jetzt einwenden, das alles sei doch schon so lange her und Ihre Mutter hätte das doch verarbeiten müssen, tappen Sie wieder in die Falle des Glaubenssatzes »Wer will, kann auch«. Offenbar ging es für Ihre Mutter nicht besser. Lassen Sie die alten Einwände ruhen. Lassen Sie sich vielmehr gefühlsmäßig davon berühren, welche Bedingungen Ihre Mutter als Kind hatte, ins Leben zu gehen, und wie es dann in ihrem Erwachsenenleben weiterging. Wenn es Ihnen gelingt, sich zu öffnen für die schweren Lebensbedingungen Ihrer Mutter und für die Schicksalsschläge in ihrer Familie, die sie mitzutragen hatte, dann wird es Ihnen vermutlich leichter fallen, das Urteilen zu beenden und die Mutter so zu nehmen, wie sie war.

Den Lebensrucksack des Vaters in den Blick nehmen

Väter haben in der Regel ebenfalls Schweres in ihrem Lebensrucksack. Für sie gilt das Gleiche wie für die Mütter: Es lohnt sich, genau hinzuschauen, welche Lasten sie zu tragen hatten, was ihr Leben geprägt und eingeengt hat und was sie so werden ließ, wie sie waren und sind. Vielen Menschen ist ihr Vater ein Rätsel. Manche haben ein Buch geschrieben über das Leben ihres Vaters, um Zugang zu finden zu diesem Menschen, der für sie so unerreichbar war. Viele Jungen und Mädchen haben sich sehr nach der Liebe ihres Vaters gesehnt und auf unterschiedliche Weise versucht, seine Beachtung und Anerkennung zu bekommen – durch Leistung und Anpassung, aber auch durch Aufbegehren und Widerstand, um überhaupt eine Form der Zuwendung zu erhalten, wenn auch nicht die letztlich erwünschte.

Falls Sie loskommen möchten vom Leiden am eigenen Vater, sollten Sie, in ganz ähnlicher Weise wie bei der Mutter, die Lebensgeschichte Ihres Vaters, seine Wurzeln und seine Familiendramen in den Blick nehmen. Die meisten der bezogen auf die Mutter vorgeschlagenen Leitfragen können Sie unverändert verwenden: Auch Väter können unerwünschte Kinder gewesen sein, haben vielleicht ihre Mutter oder ihren Vater früh verloren, ein behindertes Geschwister gehabt oder sind in Armut aufgewachsen. Auch bei Vätern ist es wichtig, die Zeit ihrer Kindheit und Jugend besonders unter die Lupe zu nehmen, weil die frühen Lebenserfahrungen am stärksten prägen.

Wenn Sie den Lebensrucksack Ihres Vaters öffnen, werden Sie schnell feststellen: Auch hier finden sich häufig schwere Brocken aus der Zeit des Zweiten Weltkriegs. Entweder war der Vater selbst Soldat, oder er trug daran mit, dass sein Vater oder ältere Brüder im Krieg waren. Öfter gibt es auch Verstrickungen in die Nazi-Herrschaft in Form von SA- und SS-Zugehörigkeit mit entsprechenden Befugnissen und Aktivitäten. Anders als die Mütter, die zivile Opfer von Bomben, Zerstörung und Gewalt wurden, waren die als Soldaten eingesetzten Männer aktiv am Kriegsgeschehen beteiligt. Viele Männer waren von Anfang an dabei. Sie haben unvorstellbar Schlimmes erlitten und miterlebt. Kameraden neben ihnen starben, sie selbst kamen mit dem Leben davon. Viele wurden verwundet und trugen zum Teil bleibende Schäden davon. Als Soldaten mussten sie töten, in welcher Form auch immer. Manche, einfache Soldaten wie Offiziere, sind ohne Not schuldig geworden. Auch das muss gegebenenfalls zur Kenntnis genommen werden, auch wenn es bisher unbekannt und unvorstellbar war, dass es in der eigenen Familie auch Täter gab.

»Mein Vater war im Krieg«, hinter dieser sachlichen Feststellung verbergen sich entsetzliche Erfahrungen, auf die die wenigsten Männer zu Beginn ihres Einsatzes vorbereitet waren und die sie zeit ihres Lebens nicht vergessen konnten. Viele Soldaten kamen nach Kriegsende noch in Gefangenschaft. Besonders wenn sie jahrelang in russischer Kriegsgefangenschaft waren, bedeutete das, sie waren nochmals unvorstellbaren Leiden ausgesetzt.

Wir möchten hier nicht auf die grausamen Einzelheiten eingehen. So, wie seit einigen Jahren einiges Lesenswertes über die Kriegszeit allgemein veröffentlicht wurde, so sind auch speziell die verschiedensten Aspekte des Themas »Soldatsein im Zweiten Weltkrieg« inzwischen in den Blick gerückt. Immer wieder gab es gute Fernsehbeiträge. Vielleicht haben Sie das eine oder andere mitbekommen. Wichtig ist, dass Sie diese zum Teil schwer auszuhaltenden Informationen wirklich an sich heranlassen und sie in Bezug zu Ihrem Vater oder Großvater setzen, sofern diese Soldat waren. Sie können davon ausgehen, bei ihnen war es aller Wahrscheinlichkeit nach nicht wesentlich anders, auch wenn sie nie etwas Derartiges erzählt haben.

Ebenfalls gut erforscht und dokumentiert ist inzwischen, wie Menschen die Nachkriegszeit erlebt haben. Vor allem zahllose Interviews mit den inzwischen alt gewordenen Müttern und Vätern lassen erkennen, wie schwer es viele als Kinder mit ihren Vätern hatten. Wenn Sie sich mit diesen Veröffentlichungen beschäftigen, werden Sie sicherlich manches Erhellende finden, was Ihnen ein besseres Verständnis Ihres Vaters ermöglicht, über das hinaus, was wir hier anreißen.

Die Männer, die aus Krieg und Gefangenschaft zurückkehrten, kamen in ihrer oft trostlosen körperlichen und seelischen Verfassung in eine ihnen fremde Welt. Der Krieg war verloren, das Dritte Reich zusammengebrochen. Für viele war alles in Frage gestellt, was ihnen persönlich wichtig gewesen war und wofür sie gekämpft hatten. Wie viele Frauen hatte auch eine große Zahl der zurückkehrenden Männer ihre Heimat verloren, waren entwurzelt und mussten in einer ihnen völlig unbekannten Umgebung wieder bei null anfangen. Manche fanden sich nicht mehr wirklich zurecht, weder in der Familie noch im Arbeitsleben. Viele fühlten sich ohnmächtig und hilflos und konnten ihrer Familie nicht die erwartete Sicherheit geben, weder materiell noch emotional. Für etliche war das Leben nach den Schrecken des Krieges nur noch mit Alkohol auszuhalten, oder sie hatten mit Depressionen zu tun. Für ihre Kinder als Vater da sein, das konnten viele nicht. Als Vorbild oder Modell für die Söhne fielen sie aus, und sie waren ihnen kein Rückhalt für ihre Entwicklung zum Mann.

Natürlich gab es auch Männer, die nicht in dieser Weise vom Krieg gezeichnet waren, recht schnell wieder Fuß fassten und scheinbar oder tatsächlich recht gut funktionierten. Sie hakten den Krieg und das Dritte Reich ab und blickten entschieden nach vorne. Viele stürzten sich in den Wiederaufbau und machten Karriere. Was für sie zählte, waren wirtschaftlicher Erfolg und gesellschaftliches Ansehen. Auch das war eine Hypothek für die betroffenen Kinder, insbesondere für viele Söhne: Sie hatten zwar, anders als viele gleichaltrige Kinder und Jugendliche, einen Vater, noch dazu einen, der gesund und tüchtig war, doch wirklich für sie da war dieser Vater auch nicht.

Das große Thema des körperlich anwesenden, aber nicht erreichbaren Vaters hat oft seine Wurzeln in der Kriegs- und Nachkriegszeit. Vor allem den Söhnen fehlte die Aufmerksamkeit des Vaters, aus den genannten Gründen, und das wirkte sich später meist auf ihr eigenes Vatersein aus: Wenn ein Mann als Kind ganz wenig Beachtung von seinem Vater bekommen hat, macht er es, wenn er später Vater wird, selber oft nicht wesentlich anders. Das gilt auch, wenn er als Kind unter dem Mangel an väterlicher Zuwendung gelitten hat und es mit seinen eigenen Kindern besser machen wollte.

Vielleicht ist Ihnen das alles »ein bisschen viel Krieg«, und Sie wenden zu Recht ein, man könne doch nicht alles als Auswirkung des Dritten Reichs und des Zweiten Weltkriegs verstehen. Klar, es gab schon vor dem Krieg Schweres, wie tödlich verunglückte Geschwister und im Kindbett gestorbene Mütter. Gewiss lassen sich auch in der Gegenwart Beispiele von Schicksalsschlägen finden, in denen es keinerlei Zusammenhang mit Kriegserfahrungen von Eltern oder Großeltern gibt. Und doch: Der Zweite Weltkrieg hat unvorstellbar viel mit den Menschen gemacht, und seine oft verborgenen Wirkungen auf die Generation der Kinder und Enkel bis heute finden sich in so vielen Familien, dass auf jeden Fall eine genaues Hinsehen angeraten ist.

Wenn Sie sich mit Ihrem Vater schwertun, können Sie in Ihrer Beziehung mit ihm dadurch weiterkommen, dass Sie sich für die hier geschilderten Zusammenhänge öffnen. Finden Sie heraus, wie das Leben Ihres Vaters und seiner Familie im Dritten Reich, im Zweiten Weltkrieg und in der Nachkriegszeit aussah. Vielleicht finden Sie keine direkten Bezüge zum Krieg, doch das Verständnis der Welt, in der er Kind war und herangewachsen ist, ist in jedem Fall die Grundlage, um Zugang zu ihm zu finden.

Wie bei der Mutter geht es auch beim Vater darum, dass Sie sich von seinem Lebensrucksack berühren lassen – von seinen eigenen Erfahrungen und Erlebnissen, aber darüber hinaus auch von dem, was er als Sohn seiner Eltern und Enkel seiner Großeltern an seinem Platz im Familiensystem automatisch mitträgt. Wenn Sie ihn sehen können wie auf einem Foto mit seinen Vorfahren hinter sich, alle mit ihrem jeweiligen Schicksal, dann haben Sie einen wichtigen Schritt vollzogen.

Rituale bezogen auf das, was war

Durch die eingehende und achtungsvolle Beschäftigung mit den Lebensrucksäcken Ihrer Eltern wird sich in Ihnen vermutlich ein tieferes Verständnis für Ihre Mutter und für Ihren Vater entwickelt haben. Ihre Vorwürfe sind vielleicht weniger und Ihre Urteile milder geworden. Vielleicht empfinden Sie sogar so etwas wie Mitgefühl, weil es der Vater oder die Mutter so schwer hatte. Dann sind Sie schon ein ganzes Stück weitergekommen.

Dennoch sind Sie wahrscheinlich noch nicht rundum in Frieden mit dem, wie es war. Schließlich hat sich all das Schwere auf Ihr eigenes Leben ausgewirkt. Wie Ihre Eltern tragen auch Sie in Ihrem Lebensrucksack Teile von dem, was schon vor Ihrer Geburt geschehen ist. Das alles zu akzeptieren, das kann schwer sein. Vielleicht sagt auch Ihr Kopf, die Eltern haben es wirklich nicht leicht gehabt, aber Ihre Seele ist noch nicht so weit, die alten Geschichten komplett und dauerhaft gut sein zu lassen. Vielleicht hadern Sie auch noch speziell mit dem Großvater väterlicherseits, der strammer Nazi war, und können ihm seinen Platz im Familiensystem nicht zugestehen. Und möglicherweise findet sich in Ihrem eigenen Lebensrucksack außer Ihren Elternthemen noch anderes Schweres, womit Sie sich bisher nicht abfinden konnten und was Sie am Glücklichsein hindert.

In der Folge werden wir Ihnen verschiedene Rituale vorstellen, die unserer Erfahrung nach hilfreich sein können, um von altem Ballast frei zu werden und Energie für das eigene Leben zu gewinnen. Rituale führen weg vom Nachdenken hinein ins Gefühl. Sie erreichen nicht nur den Kopf, sondern die Seele. Je nach persönlichem Hintergrund können unterschiedliche Rituale hilfreich sein.

Falls Sie die Arbeit mit Ritualen noch nicht kennen, erscheint Ihnen vermutlich manches fremd und gewöhnungsbedürftig. Wir verzichten bewusst darauf, Erklärungen voranzustellen. Wir schlagen vielmehr vor, Sie lesen diesen zweiten Teil bis zum Ende durch. Lassen Sie das Gelesene auf sich wirken und entscheiden Sie dann, wie Sie mit den vorgeschlagenen Ritualen umgehen. Prüfen Sie, was Ihnen für Sie selbst als sinnvoll erscheint und worauf Sie sich einlassen können und wollen.

Wenn ich mit meinem Leben in Unfrieden bin: Sich vor dem eigenen Schicksal verneigen

Bei diesem Ritual geht es um Ihre eigene Lebensgeschichte. Sie steckt als wichtiger Teil in Ihrem Lebensrucksack. Dass sich darin auch Lasten aus der Geschichte Ihrer Familie befinden, wissen Sie ja inzwischen. Um diese wird es noch in verschiedenen anderen Ritualen gehen. Hier schlagen wir Ihnen vor, Ihr eigenes Leben von Anfang an bis jetzt in den Blick zu nehmen. Sofern es da eine unglückliche Kindheit gab, viel Scheitern, viele Krisen, Verluste oder schwere Krankheiten, dann ist das eigene Schicksal hart und schwer zu ertragen. Aber auch hier gilt, sofern es Ihnen möglich ist: Augen aufmachen, hinschauen, was war, und anerkennen, dass es so war. Was immer es im Einzelnen an Schwerem gab und gibt, damit zu hadern hilft nicht weiter. Gerade diese Lebensgeschichte als Teil Ihres Lebensrucksacks zu haben, das ist Ihr Schicksal.

Falls Sie in Ihrer eigenen Lebenssituation eine Enge verspüren und frei werden möchten von der Unzufriedenheit mit Ihrem bisherigen Leben, kann folgendes Ritual hilfreich sein:

Suchen Sie sich einen schweren Gegenstand, den Sie als Symbol für Ihr Schicksal nehmen möchten, beispielsweise einen großen Stein. Legen Sie ihn in einem Raum, in dem Sie ungestört sind, auf einen Stuhl. Stellen Sie sich davor hin. Lassen Sie vor Ihrem inneren Auge all das vorbeiziehen, was es an Belastendem in Ihrem Leben gab und gibt. Nehmen Sie sich viel Zeit zum Nachspüren. Es ist in Ordnung, wenn Sie Trauer fühlen und Ihnen möglicherweise die Tränen kommen. Doch versinken Sie nicht in altem Schmerz. Bleiben Sie aufrecht und lassen Sie die Augen offen. Das hilft, ganz in die eigene Kraft zu kommen. Verneigen Sie sich dann langsam und tief vor Ihrem Schicksal.

Dieses Ritual sollten Sie zwei Wochen lang täglich wiederholen. Es wird Ihnen guttun. Vielleicht ist es am Anfang etwas ungewohnt, doch erfahrungsgemäß wird es von Mal zu Mal vertrauter und leichter. Der Blick geht zunehmend weg von den belastenden einzelnen Erfahrungen in Ihrem Leben. Sie erkennen zunehmend an, dass alles war, wie es war, und schrittweise gelingt dann auch das Annehmen. Sie werden spüren, das Schicksal ist eine überaus mächtige Größe – mit ihm zu hadern und sich dagegen aufzulehnen macht absolut keinen Sinn. Gegenüber dem Schicksal ist Demut die einzig angemessene Haltung. Und paradoxerweise gewinnen Sie an Würde und Größe, wenn Sie vor dem Schicksal klein werden.

Das Annehmen alles Schweren wirkt wie Balsam für Ihre Seele. Sie kommen dadurch in Einklang mit dem, wie es war. Sie gewinnen auf diese Weise mehr inneren Frieden und mehr innere Freiheit. Dadurch sind Sie besser aufgestellt, und das Heute gewinnt an Gewicht. Sie gewinnen neue Kraft und neue Handlungsspielräume. Das Urteilen, das so lähmte, wird nicht mehr gebraucht. Wenn Sie häufig und viel geurteilt haben, werden Sie merken, es fällt Ihnen nun leichter, das Urteilen zu unterlassen. Deutlich wird dies am Beispiel von Frau I.:

Sie ist zum zweiten Mal verheiratet. Aus ihrer ersten Ehe hat sie einen 14-jährigen Sohn, um den sich sein Vater fast gar nicht kümmert. Ihre Tochter aus der zweiten Ehe ist vier Jahre alt. Der Ehemann von Frau I. ist beruflich viel unterwegs, oft auch wochenlang im Ausland. Sie fühlt sich allein gelassen und ist im Dauerstress mit ihren Kindern, zumal der Sohn viel Ärger macht, wenn sein Stiefvater nach den Zeiten der beruflichen Abwesenheiten auftaucht. Mit ihren Eltern liegt Frau I. im Dauerstreit. Ihr Vorwurf lautet: Sie kümmern sich nicht um mich, und was die Kinder betrifft, bekomme ich von ihnen keine Unterstützung. Und überhaupt, wenn ich eine andere Kindheit gehabt hätte, hätte ich jetzt nicht all diese Schwierigkeiten. Auch mit sich selber ist sie nicht im Reinen. Sie hat das Gefühl, ihr Leben nicht auf die Reihe zu bekommen. Abwechselnd macht sie sich selbst, ihre Eltern, ihren Ex-Mann und ihren Mann dafür verantwortlich.

Nachdem sich Frau I. vor ihrem Schicksal verneigt hatte, konnte sie ihre Lebenssituation besser annehmen. Sie hatte es nicht mehr nötig, nach Schuldigen zu suchen. Sie kam mit ihrem Alltag besser zurecht, war ausgeglichener und fühlte sich nicht mehr als Opfer. Für ihr Leben begann sie mehr Verantwortung zu übernehmen. Seitdem sie mit den Schuldzuweisungen aufgehört hatte, war das Verhältnis zu ihren Eltern viel entspannter. Ihr Ehemann war präsenter, soweit es sich beruflich machen ließ. Und seitdem es seiner Mutter besser ging, war auch der Sohn gegenüber seinem Stiefvater verträglicher.

Wenn es schwere Schicksale in der Familie gab: Sich vor den Personen mit schwerem Schicksal verneigen

In dem Kapitel »Hinschauen, was war, und anerkennen, was war« haben wir eine Vielzahl von schweren Schicksalen benannt. Nach allem, was Sie da gelesen haben, ist Ihnen sicher klar, dass es in den allermeisten Familien solche schweren Schicksale gibt, vermutlich auch in Ihrer eigenen. Und Sie wissen, was in der Regel als schweres Schicksal anzusehen ist und dass in vielen Fällen die Ereignisse des Zweiten Weltkriegs nachwirken. Wir haben auch erläutert, dass Menschen mit einem schweren Schicksal ein besonderes Gewicht haben und Nachgeborene mit ihnen verstrickt sein können, besonders wenn ihr schweres Schicksal nicht gesehen und gewürdigt wird.

Vieles, was die Beziehung mit den Eltern schwierig macht, hängt mit diesen nicht ausreichend gewürdigten schweren Schicksalen zusammen. Auch falls Sie ganz allgemein eher belastet als leicht leben und keinen Grund dafür wissen, kann hier die Ursache dafür liegen.

Wenn Sie sich ausführlich mit der Geschichte Ihrer Familie mütterlicherseits und väterlicherseits befasst haben, sind Sie dabei vermutlich auf mindestens eine Person mit schwerem Schicksal gestoßen. Falls es mehrere waren, wählen Sie diejenige aus, deren Schicksal Sie spontan am meisten berührt. Führen Sie sich nochmals im Einzelnen vor Augen, was diese Person durchgemacht hat, und lassen Sie es auf sich wirken. Dann folgt das eigentliche Ritual:

Gehen Sie in einen Raum, in dem Sie ungestört sind. Nehmen Sie einen Stuhl und stellen Sie ihn in den freien Raum. Stellen Sie sich vor, die Person mit schwerem Schicksal, die Sie ausgewählt haben, säße vor Ihnen auf dem Stuhl. Sprechen Sie: »Liebe/lieber …, du bist mein/meine …, ich bin dein/deine … Du hattest ein schweres Schicksal, und zwar … Ich verneige mich vor deinem Schicksal.« Verneigen Sie sich dann ganz real vor dieser imaginierten Person, konzentriert, langsam und tief. Danach sprechen Sie weiter: »Bitte schaue freundlich auf mich und willige ein, wenn ich ganz bei mir bleibe und es mir gut gehen lasse.«

Wenn Sie innerlich, ohne dass Ihnen dies bewusst ist, mit einer Person mit schwerem Schicksal verbunden sind, werden Sie das Ritual als Entlastung erleben. Möglicherweise kommt es Ihnen befremdlich vor, solch ein Ritual zu einem Menschen hin zu vollziehen, der nicht mehr lebt und der in Gedanken hergeholt wird, imaginiert wird. Doch wer ohne ersichtlichen Grund belastet ist oder eigentlich nicht nachvollziehbare Probleme im Leben hat, etwa auch mit den Eltern, hat mit einiger Wahrscheinlichkeit eine einengende Bindung zu einem Familienmitglied mit schwerem Schicksal. Sich dann mit Ernst und Respekt auf das Ritual einzulassen bringt die Chance, dadurch die Bindung zu lösen.

Gibt es im Familiensystem mehrere Personen mit einem schweren Schicksal, so kann zu jeder dieser Personen hin das beschriebene Ritual vollzogen werden. Bei allen sollte bewusst hingeschaut werden und ihr Schicksal anerkannt werden. Das Verneigen bringt Mitgefühl und Achtung zum Ausdruck sowie Betroffenheit und Trauer.

Sich auf dieses Ritual einzulassen ist zunächst vielleicht nicht einfach. Damit Sie sich diese Arbeit besser vorstellen können, hier nun ein Beispiel. Es geht um Herrn A., dessen Beziehung zu seinem Vater durch viele Vorwürfe belastet war. Außerdem fühlte sich Herr A. beruflich unter Druck, ungerecht behandelt, ohne Perspektive. Im mütterlichen System fand Herr A. keine Personen mit schwerem Schicksal, im väterlichen System jedoch gleich mehrere.

Der Vater von Herrn A., geboren im ersten Kriegsjahr, ist als kleines Kind zusammen mit seiner Mutter und seiner älteren Schwester vor dem Einmarsch der russischen Armee aus Schlesien geflohen. Der Großvater war im Krieg und danach sechs Jahre in russischer Gefangenschaft. Nach längerer Suche fand er schließlich seine Familie im Westen wieder. Der

Vater von Herrn A. war elf Jahre alt, als sein Vater wiederkam. Für ihn war der fremde Mann, der da auftauchte, eher störend. Er konnte ihn nie richtig als seinen Vater annehmen.

Herr A. stellte fest, ein schweres Schicksal hatte sowohl der Großvater mit der Kriegsteilnahme und der langen Gefangenschaft als auch die Großmutter durch die Flucht mit den zwei Kindern, mit dem Verlust der Heimat und mit einem nach der Rückkehr aus der Gefangenschaft schwer gezeichneten Mann. Und der Vater und seine Schwester hatten ebenfalls ein schweres Schicksal. Sie hatten die Schrecken des Krieges miterlebt, die Flucht und einen traumatisierten Vater, was sich belastend für die ganze Familie auswirkte.

Für das Ritual wählte Herr A. als Erstes seinen Großvater aus. Er war sehr berührt von allem, was dieser mitgemacht hatte, und empfand viel Mitgefühl. Seinem Empfinden nach gehörte die Großmutter unbedingt dazu, deshalb stellte er einen zweiten Stuhl hin, auf den er in seiner Vorstellung die Großmutter setzte. Er ließ sich viel Zeit, die Schreckensereignisse in seiner Familie zu benennen, und verneigte sich dann erst vor seinem Großvater und dann vor seiner Großmutter. Verwundert stellte er fest, dass er plötzlich das Bedürfnis hatte, sich auch vor seinem Vater zu verneigen, und er gab diesem Impuls nach. Er stellte sich seinen Vater vor seinen Großeltern vor und verneigte sich auch vor ihm.

Wie Herr A. berichtete, fühlte er sich nach dem Ritual sehr erleichtert. Er konnte freundlich auf seinen Vater schauen, er spürte keinen Vorwurf mehr. Insgesamt fühlte er sich gestärkt und hatte auch neuen Mut, seine beruflichen Schwierigkeiten anzugehen. Zur Erinnerung an das Ritual stellte er ein altes Foto auf, das seine Großeltern zusammen mit seinem Vater und dessen Schwester zeigte.

Wenn ich schwere Lasten getragen habe: Die Lasten zurückgeben

Ist ein Vater oder eine Mutter durch die eigene Lebensgeschichte oder durch die Geschichte der Familie stark belastet, dann reagieren manche Kinder darauf wie ein Seismograph. Sie spüren die lebenslange Trauer der Mutter um ihren im Krieg gefallenen Verlobten oder den anhaltenden Schmerz des Vaters darüber, dass er als Kind seinen Bruder durch ein tragisches Unglück verloren hat. In kindlicher Liebe würden sie der Mutter beziehungsweise dem Vater das Schwere am liebsten ganz abnehmen. Solche Kinder tragen dann oft ein Leben lang in unterschiedlicher Weise an Lasten, die gar nicht direkt zu ihnen gehören.

Die einen leiden mit, für sie selbst oft unbewusst. Sie können nur begrenzt ihr Leben genießen, und das Glücklichsein ist irgendwie gedämpft. Sie trauen sich nicht wirklich, es sich gut gehen zu lassen angesichts des Leids der Eltern. Manche werden sogar krank. Andere werden zu Braven Töchtern oder Braven Söhnen. Durch vielerlei Bemühungen versuchen sie, es der Mama oder dem Papa oder beiden so leicht wie möglich zu machen. Im späteren Leben sind sie immer zur Stelle, wenn sie gebraucht werden. Auch sie sind nicht wirklich frei, ihr eigenes Leben zu leben. Wieder andere wehren sich unbewusst gegen das Schwere, das sie bei Vater oder Mutter spüren. Sie rebellieren oder versuchen, sich dem zu entziehen, was da an Schwerem auf sie wirkt. Doch wirklich frei davon werden auch sie nicht, in der Regel bleibt ein Schatten über ihrem Leben. Manche Kinder allerdings bleiben unbelastet – bisweilen haben Geschwister das Mittragen übernommen.

Wenn Sie sich mit den Lebensrucksäcken von Mutter und Vater beschäftigt haben, wissen Sie ja, was es da alles an Belastendem gibt. Vielleicht ist Ihnen auch schon klar geworden, in welcher Weise es sich auf Sie ausgewirkt hat und wie Sie darauf reagiert haben. Wenn Sie das Empfinden haben, in irgendeiner Form für Ihre Mutter oder Ihren Vater Lasten getragen zu haben oder noch zu tragen, dann können Sie diese mit einem Ritual zurückgeben. Nehmen wir an, es geht um Ihre Mutter.

Suchen Sie sich entweder einen richtig großen, schweren Stein oder eine schwere Kiste. Gehen Sie damit in einen Raum, in dem Sie ungestört sind. Stellen Sie dort einen Stuhl auf und erzeugen Sie das innere Bild, Ihre Mutter würde auf dem Stuhl sitzen. Nehmen Sie den Stein oder die Kiste in beide Hände. Spüren Sie die ganze Schwere dessen, was Sie da tragen. Lassen Sie sich Zeit, in inneren Kontakt mit Ihrer Mutter und mit Ihrem eigenen Empfinden zu kommen. Sprechen Sie dann, vor Ihrer Mutter stehend: »Liebe Mama, oder liebe Mutti, oder … (wählen Sie als Anrede die Form, die Sie als Kind verwendet haben), du hast es schwer gehabt in deinem Leben. Du hast … (benennen Sie, was Ihre Mutter alles verkraften musste). Ich habe versucht, dir deine Lasten abzunehmen. Das geht nicht. Sie gehören zu dir und deinem Leben, und niemand kann dir dein Schicksal abnehmen. Das, was ich für dich getragen habe, möchte ich dir zurückgeben. Ich achte dich, indem ich das Schwere bei dir lasse. Bitte, nimm es zurück. Ich bin nur das Kind.«

Wenn es nach Ihrem Empfinden für Ihre Mutter in Ordnung ist, dann setzen Sie den Stein oder die Kiste respektvoll und achtsam auf dem Stuhl ab. Lassen Sie dieses Bild auf sich wirken, schauen Sie freundlich auf Ihre Mutter mit ihrer Last und treten Sie dann langsam einige Schritte zurück. Vermutlich werden Sie sich erleichtert fühlen. Kommen Sie dann in Ihrem eigenen Tempo in das Hier und Jetzt zurück.

Bei diesem Ritual geht es wieder darum, vom Kopf ins Gefühl zu kommen und das gefühlsmäßige Anhaften von Schwerem abzulegen. Dadurch können Sie für sich Ihren Entschluss bekräftigen, in Zukunft ganz Ihr eigenes Leben zu leben und nicht mehr mitzutragen.

Das im Alltag umzusetzen wird nicht immer einfach sein. Das Mitleiden und Mittragen ist ja das über viele Jahre Gelernte und Gewohnte, es steckt in Fleisch und Blut. Meist wird es nur schrittweise gelingen, das vertraute Verhalten und die alten Gefühle abzulegen. Daher ist es hilfreich, sich an das Ritual zu erinnern, eventuell unterstützt durch ein Symbol. So können Sie den Stein oder die Kiste vielleicht eine Zeit lang in Sichtweite behalten. Nach und nach wird sich manches leichter anfühlen, und Sie werden freier sein in Ihren Entscheidungen. Sie lernen – das wünschen wir Ihnen –, gut für sich selber zu sorgen und das zu tun, was Ihnen guttut und Sie weiterbringt.

Wenn Sie viel für Ihren Vater getragen haben, können Sie das Ritual entsprechend durchführen. Und wenn Sie bei beiden Eltern versucht haben, ihnen ihr Schweres abzunehmen, dann können Sie zwei schwere Gegenstände nehmen sowie zwei Stühle und symbolisch zwei Lasten zurückgeben, eine an die Mutter und eine an den Vater.

Mit den Eltern, wenn sie noch leben, über das Ritual zu reden, das ist nicht zu empfehlen, denn es ist kaum vermittelbar, was das Ganze soll. Mit ihnen aber über das, was sie an Schwerem erlebt haben, respektvoll und einfühlsam zu sprechen, sofern so ein Gespräch möglich ist, kann für alle bereichernd sein.

Wenn ich voller Vorwürfe an die Eltern bin: Sich vor der Mutter oder dem Vater verneigen

Wer bezogen auf die eigene Mutter hadert, sie nicht als Mutter annehmen kann, sie sich anders wünscht, als sie ist, hat oft mit den Jahren zwischen ihr und sich selbst dicke emotionale Mauern aufgebaut. Entsprechendes gilt für den Vater. Mit einem einfachen Test können Sie herausfinden, ob Sie zu Ihrer Mutter hin solch eine Mauer aufgebaut haben oder nicht: Wenn Sie in einem Ritual ehrlichen Herzens und ohne inneren Widerstand Ihre Mutter anreden können mit »liebe Mama«, dann gibt es wohl keine solche Mauer zur Mutter. Dasselbe gilt bezogen auf den Vater.

Leben Sie mit einer oder zwei Mauern, dann war manches für Sie wohl nicht anders zu ertragen. Überforderte Kinderseelen haben manchmal keine andere Wahl, um sich vor Übergriffen und anderen Notsituationen zu schützen. Nur, wenn die Mauer erst einmal steht, dann hat das weitreichende Konsequenzen: Gefühle von Verlassenheit, Einsamkeit, eine nicht erfüllbare Sehnsucht nach der Liebe der Mutter oder des Vaters, Traurigkeit, Wut, geringes Selbstbewusstsein, Ängstlichkeit und vieles mehr kann der Preis sein für den notdürftigen Schutz durch die Mauer. Gute Gefühle zu den Eltern und oft auch zu anderen Menschen können kaum mehr fließen. Über die Jahre wird die Mauer nicht selten noch dicker und höher, ein Bollwerk aus Verletzungen und Vorwürfen, aus Verzweiflung und Wut. Viele hätten sie gerne weg, doch wie könnte ein Abriss gelingen? Sie fühlen sich ausgeliefert, hilflos, ohnmächtig.

Wenn es Ihnen auch so geht, dann empfehlen wir Ihnen, sich in einem Ritual vor Ihrer Mutter oder Ihrem Vater zu verneigen. Wir wissen, das ist für viele Menschen das mit Abstand schwerste Ritual. Es ist eine heftige Herausforderung. Für manche ist es ohne therapeutische Unterstützung nicht möglich.

Der innere Prozess kann nur gelingen, wenn Sie sich sorgfältig auf das Ritual vorbereiten. Sie müssen bereit sein, auf alle Geschütze zu verzichten, die Sie bisher in Stellung gebracht und abgefeuert haben. Allein dies kann für Sie eine kaum oder nicht überwindbare Hürde sein. Das Verurteilen und Attackieren hat Ihnen ja geholfen, sich abzugrenzen, auch wenn Sie sich dabei vermutlich nicht uneingeschränkt gut fühlten und fühlen.

Wenn Sie Vorwürfe gegenüber beiden Eltern haben, was gar nicht so selten ist, beginnen Sie am besten mit dem Elternteil, zu dem die Beziehung weniger belastet ist. Mit einigem zeitlichem Abstand können Sie dann auch zum anderen Elternteil hin arbeiten.

Das Ritual besteht aus zwei Teilen. Wenn Sie Ihren Vater oder Ihre Mutter bei dem Ritual des Verneigens vor den Personen mit schwerem Schicksal schon einbezogen haben, dann haben Sie den ersten Teil des Rituals schon vollzogen. Andernfalls sollten Sie als Vorbereitung auf den ersten Teil ganz sorgfältig erforschen, was an Schwerem zum Leben Ihrer Mutter beziehungsweise zum Leben Ihres Vaters gehört, so, wie wir es in den Kapiteln zum Lebensrucksack Ihrer Mutter und zum Lebensrucksack Ihres Vaters erläutert haben. Danach ist dem allem die Ehre zu geben. Stellen Sie sich vor, Ihre Mutter/Ihr Vater würde vor Ihnen auf einem Stuhl sitzen. Sprechen Sie dann: »Mama/Papa (oder so, wie Sie als Kind gesagt haben), du hast es sehr schwer gehabt. Ich verneige mich vor dem, was es an Schwerem in deinem Leben gab.« Daraufhin benennen Sie genauer, was es da im Einzelnen an Schwerem im Leben Ihrer Mutter/Ihres Vaters gab. Verneigen Sie sich dann vor Ihrer imaginierten Mutter/Ihrem imaginierten Vater, möglichst tief und lang.

Legen Sie danach eine mehrtägige Pause ein. Spüren Sie nach, wie es Ihnen mit dem bisher vollzogenen Schritt geht. Fühlt sich dieser Teil gut an, oder ist noch irgendeine Form der Nacharbeit nötig, etwa eine Wiederholung des Rituals? Sind Sie innerlich mit dem Achten des Schweren in Einklang, dann können Sie mit der Vorbereitung auf den zentralen und wichtigsten Teil weitermachen. Wir empfehlen Ihnen, in wenigen Worten, maximal fünf bis sechs kurzen Sätzen, aufzuschreiben, was schlimm und schwer für Sie war bezogen auf Ihre Mutter/Ihren Vater, zum Beispiel: »Ich habe mich immer so alleine gefühlt.« Oder: »Du hattest nie Zeit für mich.« Oder: »Es war schlimm, wie du mich immer wieder geschlagen hast.« Oder: »Ich habe nie richtig Anerkennung von dir bekommen.« Diese Sätze werden dann Teil des abschließenden Rituals.

Wieder nehmen Sie einen Stuhl in einem geschützten Raum. Stellen Sie sich vor, Ihre Mutter/Ihr Vater würde auf dem Stuhl sitzen. Dann sprechen Sie folgende Sätze: »Liebe Mama/lieber Papa, (oder ähnlich), ich sehe jetzt, du hast es schwer gehabt in deinem Leben. Das achte ich. Für mich war es auch oft schlimm.« Dann tragen Sie ihr/ihm die vorbereiteten Sätze vor, das heißt, Sie benennen klar, was schlimm war. Sprechen Sie ganz sachlich, ohne Vorwurf oder Jammern in der Stimme. Sie sind nicht mehr das ausgelieferte Kind von damals, sondern erwachsen und sehen Ihre Mutter mit ihrem Lebensrucksack, beziehungsweise Ihren Vater mit seinem Lebensrucksack. Abschließend sagen Sie: »Ich lasse jetzt die Vorwürfe, sie tun mir nicht gut. Du hast mir gegeben, was du konntest. Darauf schaue ich jetzt. Ich verzichte ab jetzt darauf, eine andere Mutter/einen anderen Vater zu wollen, und nehme dich nun so, wie du bist. Du darfst mich haben als dein Kind. Nun verneige ich mich vor dir und gebe dir die Ehre.« Dann verneigen Sie sich langsam und tief vor Ihrer imaginierten Mutter/Ihrem imaginierten Vater.

Das Wesentliche vollzieht sich in Ihrem Inneren. Lassen Sie es da wirken, und gehen Sie damit nur sehr behutsam nach außen. Ob sich Ihre Mutter beziehungsweise Ihr Vater ändert, das liegt nicht in Ihrer Hand. Manchmal tut sich da ganz viel, manchmal bewegt sich gar nichts. Für Sie hat sich in jedem Fall Wichtiges ereignet. Sie haben für sich mehr Freiräume gewonnen, Ihr Leben nach Ihren Wünschen zu gestalten. Oder anders ausgedrückt: Sie wurden dadurch ein ganzes Stück erwachsener.

Wer jahrelang oder jahrzehntelang gelitten hat, voller Vorwürfe war und unzufrieden mit der eigenen Mutter oder dem eigenen Vater, hatte sicherlich gewichtige Gründe. Daher ist dieser letzte und entscheidende Teil des Rituals eine riesengroße Herausforderung, wie ein Berg, der sich steil auftürmt und, wenn überhaupt, nur mit großer Anstrengung zu erklimmen ist. Manche von Ihnen werden es als Zumutung empfinden. Ja, es ist eine Zumutung, und manchen ist es gar nicht möglich, das Ritual wie vorgeschlagen zu vollziehen. Wir wissen um die Nöte und Schwierigkeiten, die das verhindern, und werden noch darauf eingehen, was in solchen Fällen getan werden kann und was weiterhilft.

Wenn Sie es geschafft haben, Ihre Vorwürfe aufzugeben und sich vor Ihrer Mutter oder Ihrem Vater oder beiden zu verneigen, sind Sie einen Riesenschritt vorangekommen. Das Anklagen und Urteilen zu beenden, das ist nicht leicht. Sie können stolz auf sich sein, denn Sie sind über sich selber hinausgewachsen. Manche sind danach so erleichtert, dass sie das Gefühl haben, fliegen zu können. Altes ist überwunden, Neues darf wachsen.

Nun ein Beispiel: Herr C. ist in einer Familie aufgewachsen, in der der Familienbetrieb völlig im Mittelpunkt stand. Beide Eltern waren fast immer im Einsatz. Herr C. fühlte sich allein gelassen. In seiner Jugend litt er sehr darunter, dass seine Eltern, wie er meinte, kein Interesse an ihm hatten und er von ihnen nicht geliebt wurde. Er wurde immer verschlossener und depressiv. In jungen Jahren heiratete er und wurde Vater. Doch seine Ehe scheiterte nach wenigen Jahren. Voller Vorwürfe gegenüber seinen Eltern hatte er den Kontakt zu ihnen auf ein Minimum reduziert.

Als sich Herr C. mit der Geschichte seiner Eltern befasste, ging ihm ein Licht auf. Der Großvater väterlicherseits hatte seine Frau und seine zwei Kinder wegen einer anderen Frau verlassen, als die Kinder noch klein waren. Die Oma führte den von ihren Eltern übernommenen Handwerksbetrieb dann alleine weiter, bis er durch einen Fliegerangriff komplett zerstört wurde. Nach dem Krieg baute die Oma mit ihrem Sohn, dem Vater von Herrn C., den Betrieb wieder auf.

Die Mutter von Herrn C. kam von einem Bauernhof. Ihr Vater war Alkoholiker und zudem herzkrank. Ihr Bruder kam als Kind bei einem tragischen Unfall mit einem Traktor unter die Räder und starb. Von klein auf musste die Mutter auf dem elterlichen Hof mitarbeiten. Erst nach dem Tod ihres Vaters konnte sie eine eigene Familie gründen.

Sich die schweren Schicksale auf beiden Seiten bewusst zu machen, das berührte Herrn C. sehr. Er lernte seine Eltern besser zu verstehen und konnte spüren, ihr Verhalten damals hatte nichts mit ihm zu tun. Ihr Leben hatte sie zu denen gemacht, die sie waren. Beiden diente ihre Arbeit dazu, das Schwere in ihrem Leben besser zu ertragen. Beide waren ja seit jeher gewohnt, dass der Arbeit alles andere untergeordnet wurde.

Trotz anfänglicher Abwehr konnte Herr C. zunehmend Mitgefühl mit seinen Eltern empfinden, ihr Schweres würdigen. Er entdeckte, seine Eltern hatten ihn zwar nicht so geliebt, wie er es sich als Kind gewünscht hatte, doch sie hatten ihn geliebt, auf eine eher stille und verborgene Art und Weise. Am Ende seines Entdeckungsweges konnte er seine Vorwürfe weglegen, in den Ritualen die Eltern mit »liebe Mama« und »lieber Papa« anreden und sich vor ihnen verneigen. Damit waren die Mauern zu den Eltern hin eingerissen, die Baustelle Mutter und die Baustelle Vater waren geschlossen. Er fühlte sich leicht und gut und freute sich sehr darüber.

Herr C. erlebte das Schließen seiner Elternbaustellen, wie er sagte, insgesamt schon als harte Arbeit, war aber hoch zufrieden, dass er sich drangemacht hatte. Endlich war er in Frieden mit den Eltern und frei für sein eigenes Leben.

Wenn jemand in der Familie schwere Schuld auf sich geladen hat: Auf gute Weise Abstand nehmen von der schuldig gewordenen Person

Das Verneigen vor dem Vater oder der Mutter kann eine unüberwindbare Hürde sein, sofern Kinder Gewalt, Missbrauch, grobe Vernachlässigung oder totale Ablehnung erlebt haben. Selbst wenn manche zwischendurch einmal so etwas wie Liebe erfuhren, haben sie doch zu Recht das Gefühl: Ein Vater oder eine Mutter, die ihr Kind so behandeln, können nicht erwarten, dass ihnen Achtung entgegengebracht wird. Die Eltern mögen in ihrem Lebensrucksack haben, was sie wollen, etwa eigene Gewalterfahrungen durch einen prügelnden Vater, es rechtfertigt nicht, was sie mir angetan haben. Ich will und kann sie nicht achten. Und »liebe Mama« oder »lieber Papa« zu sagen, das wäre völlig unpassend.

Kinder, deren Eltern an ihnen in heftiger Form schuldig geworden sind, befinden sich in einem Dilemma, oft lebenslang. Auf der einen Seite ist es für sie notwendig, sich von den Eltern, die ihnen so Schlimmes angetan haben, klar abzugrenzen, bis hin zum Kontaktabbruch. Doch festzustellen: »Ich habe keinen Vater mehr« oder: »Meine Mutter ist für mich gestorben«, das tut weh, und der erhoffte Friede stellt sich so nicht ein.

Auch dann, wenn mein Vater oder meine Mutter in anderer Weise Schuld auf sich geladen hat, fällt es oft sehr schwer zuzustimmen, dass ich nun einmal diesen Vater oder diese Mutter habe. So kommen beispielsweise manche aus der älteren Generation nicht damit klar, dass ihr Vater als Offizier im Krieg Verantwortung für Massenerschießungen hatte. Noch im Alter leiden sie darunter und schämen sich, dass ihr Vater zu den Tätern gehörte.

Nach dem Krieg wollten viele Familien lieber gar nicht so genau wissen, was der Vater oder Großvater als Soldat an der Front alles getan hatte und was seine Aufgaben gewesen waren. Über vermutete persönliche Schuld wurde nicht gesprochen, sie wurde totgeschwiegen. Totgeschwiegene Schuld ist aber nicht tot. Sie wirkt weiter. Manche Nachgeborene solidarisieren sich unbewusst mit den Opfern oder mit dem Täter. Beispielsweise werden sie krank, oder sie spüren das Leid der ganzen Welt auf ihren Schultern und gestatten sich nicht, glücklich zu werden. Auch Gewaltbereitschaft in der Kinder- und Enkelgeneration kann ihre Wurzeln in solch einer inneren Dynamik haben.

Wenn es in Ihrer Familie schwere Schuld gibt, ist es wichtig, sie klar zu sehen. Eine entsprechende Vermutung ist ebenfalls ernst zu nehmen. Dem schuldig gewordenen Familienmitglied darf jedoch die Zugehörigkeit zur Familie nicht abgesprochen werden. Wie wir bereits erläutert haben, muss jedes Familienmitglied seinen Platz im System, der ihm durch Geburt zusteht, haben dürfen. Sonst ist die Ordnung gestört, was sich auf Nachgeborene negativ auswirken kann.

Die Schuld von Vater oder Mutter kann das ganze Leben der Kinder überschatten, dann, wenn sie selbst das Opfer waren, und auch, wenn sie nicht selbst das Opfer waren. Dasselbe gilt, wenn der Großvater oder die Großmutter schuldig geworden ist. In solchen Fällen kann ein Abgrenzungsritual hilfreich sein.

Damit das Ritual seine Kraft entfalten kann, müssen in ihm beide genannten Seiten enthalten sein. Das wird erreicht durch Sätze wie: »Du bist mein Großvater und bleibst mein Großvater. Was du an Schuld auf dich geladen hast, lasse ich ganz bei dir.« Oder: »Du bist mein Vater und bleibst mein Vater. Was du an Schuld auf dich geladen hast, das lasse ich ganz bei dir«. Soweit möglich, sollte die Schuld konkret benannt werden, auch wenn es schmerzhaft ist oder sich die Schuld schwer in Worte fassen lässt.

Bei Schuld, die Sie nicht direkt betrifft, ergänzen Sie: »In Zukunft halte ich mich da heraus. Ich habe damit nichts zu tun.« Und falls Sie selbst von der schuldig gewordenen Person auch Gutes erfahren haben, fügen Sie noch ein: »Das Gute, das ich von dir bekommen habe, nehme ich mit Dank«.

Um das Ritual durchzuführen, stellen Sie einen Stuhl in einem Raum auf und stellen sich selbst in etwa zwei Meter Abstand davor. Auf den Stuhl setzen Sie gedanklich die durch Schuld belastete Person und schauen Sie an. Manchmal ist dies sehr schwer. Lassen Sie sich Zeit. Gehen Sie in Ihre Kraft, indem Sie ganz aufrecht und mit beiden Füßen fest auf dem Boden stehen. Wenn Sie innerlich einen guten Stand gegenüber der schuldig gewordenen Person gefunden haben, sprechen Sie mit ruhiger, fester Stimme die vorgeschlagenen Sätze mit der passenden Anrede. Danach treten Sie etwa einen Meter zurück, ohne sich wegzudrehen. Damit nehmen Sie räumlich Abstand von dem durch die schwere Schuld belasteten Familienmitglied, ohne es aus der Familie auszuschließen.

Falls Sie zu sehr ins Gefühl kommen oder Ihr innerer Widerstand zu groß wird, brechen Sie das Ritual ab. Dazu wenden Sie den Blick weg von dem Stuhl, kommen in das Hier und Jetzt zurück und verlassen den Raum. Vielleicht versuchen Sie es zu einem späteren Zeitpunkt noch einmal, aber zwingen Sie sich zu nichts.

Auch dann, wenn Sie das Ritual gegenüber einer Person durchführen wollen, die Ihnen ganz persönlich viel Schlimmes zugefügt hat, dürfen Sie sich nicht überfordern. Spüren Sie dem nach, ob das beschriebene Ritual überhaupt ein Weg für Sie sein kann oder nicht. Das hängt davon ab, wie stark Sie traumatisiert sind und wo Sie inzwischen stehen. Übernehmen Sie gegebenenfalls für sich Verantwortung und tun Sie das, was Sie weiterbringt. Das könnte auch heißen, dass Sie professionelle Hilfe in Anspruch nehmen.

Herr O. ist ein anschauliches Beispiel für die Wirksamkeit dieses Rituals. Eigentlich hatte Herr O. allen Grund, glücklich und zufrieden zu sein. Mit seiner Frau führte er eine gute Ehe. Die beiden gemeinsamen Töchter machten den Eltern viel Freude. Im Beruf war Herr O. erfolgreich und beliebt. Ohne einen äußeren Grund hatte er dennoch immer wieder über längere Phasen seelische Tiefs.

Sein Verhältnis zu seinem Vater war belastet. Der Vater hatte Frau und Sohn verlassen, als Herr O. zehn Jahre alt war. Herr O. berichtet, sein Vater sei ein schwieriger Mensch. Er sei sehr verschlossen, depressiv und würde sein Leben nicht auf die Reihe bekommen. Der Vater seines Vaters sei als überzeugter Nazi mit hohem Dienstgrad verantwortlich für Verbrechen an der Zivilbevölkerung gewesen.

Der Blick auf die Familiengeschichte ließ bei Herrn O. die Vermutung aufkommen, seine Tiefs könnten etwas mit den

Verbrechen seines Großvaters zu tun haben oder mit dem schweren Leben seines Vaters. Daher nahm er mit dem Ritual Abstand von seinem Opa. Dann verneigte er sich vor seinem Vater, für den er – ganz neu für ihn – überraschend viel Mitgefühl empfand.

Danach fühlte er sich stark entlastet. Grundlegendes hatte sich in seinem Leben verändert: Er hatte nicht länger an dem Schweren zu tragen, das die Opfer des Opas hatten erleiden müssen. Und das Schwere, was zu dem Leben seines Vaters gehörte, konnte ihn nicht mehr einholen und hinunterziehen. Nach seinen Ritualen hatte Herr O. kein einziges Mal mehr so ein unerklärliches Tief. Er empfand sich als geheilt.

Sich aus der Kindrolle verabschieden

Wie es Ihnen wohl mit den von uns vorgeschlagenen Ritualen ergangen ist? Ob Sie sich damit anfreunden konnten und das eine oder andere bereits vollzogen haben oder noch vollziehen möchten? Vielleicht haben Sie auch schon beim Lesen einen inneren Prozess durchgemacht, der Sie auf Ihrem Weg zum inneren Frieden mit Vater oder Mutter oder beiden wieder ein Stück weitergebracht hat. Vielleicht sind Sie auch, sofern Sie Ihren Eltern bisher in fragloser Liebe kindlich-eng verbunden waren, ein kleines Stück von Ihnen weggetreten und haben mehr Luft zum Atmen. Auf welche Weise Ihre Seele in eine gute Bewegung kommt, ob mit Ritualen oder ohne, ist zweitrangig. Die Hauptsache ist, Sie kommen voran.

Altvertraute Vorwürfe wegzulegen, freundlich auf die Eltern zu schauen und ihre Lebensleistung zu würdigen; die Eltern zu sehen, wie sie wirklich sind, mit ihren Schwächen und vielleicht auch mit persönlicher Schuld; sich zu entscheiden, nicht länger an den Lasten aus den Lebensrucksäcken der Eltern mitzutragen – das alles sind wichtige Schritte der Ablösung von den Eltern hin zu mehr Selbstständigkeit, Unabhängigkeit und innerer Freiheit. Wenn Sie diese Schritte tun, sind Sie dabei, sich aus der Kindrolle zu verabschieden und im eigentlichen Sinn erwachsen zu werden

Wie dieser Prozess im Einzelnen abläuft und wie Sie ihn bewusst gestalten und unterstützen können, das möchten wir Ihnen im Folgenden erläutern. Dadurch werden auch Sinn und Wirkungsweise der beschriebenen Rituale noch besser verständlich.

Das Nehmen der Eltern und das Lassen der Eltern

Um mit den eigenen Eltern in Frieden zu kommen, ist der zentrale Vorgang das »Nehmen der Eltern«, unabhängig davon, ob sie noch leben oder schon gestorben sind. Die Eltern zu nehmen, das heißt, ohne Vorbehalt zuzustimmen, dass ich diese Eltern habe. Ich willige ein, dass ich Kind dieser Eltern bin. Paradoxerweise ist gerade diese Anerkennung der Bindung an die Eltern Voraussetzung für Eigenständigkeit. Nur wenn die Ablösung von den Eltern nicht gewaltsam und im Zorn, sondern »in Liebe« geschieht, ist die Lösung aus Verstrickungen und die Hinwendung zu einem vollen Leben möglich.

Das Nehmen der Eltern erfordert zwei Schritte. Zuerst muss das erwachsene Kind bereit sein, das Urteilen zu unterlassen und »klein« zu werden. Wer urteilt, stellt sich über den anderen. Zum Eltern-Kind-Verhältnis passt das jedoch nicht: Die Eltern sind die Großen, die Kinder die Kleinen. Dieses Gefälle bleibt in der Tiefe ein Leben lang bestehen. Hier gibt es ein weiteres Paradox: Erst wenn dieses Gefälle anerkannt wird, kann ein Kind wirklich erwachsen werden und seinen Eltern als erwachsener Mensch gegenübertreten.

Das »Schrumpfen« des Kindes ist oft erst möglich, wenn ihm bewusst wird, was die Eltern alles getragen haben – ihr Schicksal gibt ihnen Größe und Würde. Dann entsteht das Gefühl: »Alle Achtung, was Ihr geleistet habt. Wer weiß, ob ich das so geschafft hätte.« Dann gelingt es, die Vorwürfe an die Eltern zu lassen. Dann ist es plötzlich nicht mehr wichtig, was sie alles versäumt und falsch gemacht haben und dass sie so wenig für das Kind da waren. Dann kann das Kind glauben, dass die Eltern ihm das ihnen Mögliche gegeben haben, ihre hundert Prozent, und kann für das danken, was es bekommen hat. Dann weiß das Kind plötzlich, dass die Eltern es »eigentlich« geliebt haben und sich ihm gern deutlicher und liebevoller zugewandt hätten, wenn sie nicht durch ihr eigenes Schweres daran gehindert worden wären.

Darüber hinaus begreift ein Kind, wenn es für die Eltern mitgetragen hat, nun in seinem Innersten: Die vermeintlich schwachen Eltern hatten und haben oft eine verborgene Stärke und sind belastbarer, als es gedacht hatte. Seine unbewusste kindliche Vorstellung, den Eltern ihr Schweres leichter machen oder sogar abnehmen zu können, erscheint ihm jetzt als absurd und in gewisser Weise anmaßend. Auch was das Mittragen betrifft, wird es plötzlich ganz bescheiden und demütig.

Der zweite Schritt ist dann, in die Erwachsenenrolle zu gehen: Ein Kind, das gegenüber seinen Eltern klein geworden ist und sie groß sein lässt, das seinen Eltern gedankt hat, alte Vorwürfe weglegt und spürt, dass seine Eltern es irgendwie geliebt haben, kann Verantwortung für sein eigenes Leben übernehmen. Wir verwenden oft die Formulierung: »Ich habe bekommen, was ich zum Leben brauche. Den Rest mache ich selber.« Wer sich als geliebtes Kind fühlt, kann seine kindliche Bedürftigkeit ablegen. Die alten Gefühle und Verhaltensweisen der Kindheit sind überflüssig geworden. Klar, es gibt Rückfälle, und manches muss regelrecht eingeübt werden. Aber der Grundstein zum Erwachsensein ist gelegt.

Diesen gesamten Prozess möchten wir Ihnen mit dem Bericht eines über 60-jährigen Mannes veranschaulichen, dem es jahrzehntelang nicht gelungen war, seine Mutter anzunehmen. Er hat nicht mit Ritualen gearbeitet, sondern an einem Seminar teilgenommen, in dem die Methode der Familienrekonstruktion verwendet wurde. Dabei wird die Geschichte von Familien durch Rollenspiele sehr eindrücklich zum Leben erweckt. Er schreibt:

»Als Jugendlicher habe ich sehr darunter gelitten, dass meine beiden Eltern beruflich und privat immer aktiv waren.

Ich fühlte mich als völlig unwichtiges Rad am Wagen, warf meiner Mutter vor allem innerlich, aber manchmal auch real vor, sie sei nicht mütterlich, ich wäre ihr nicht wichtig, und ich ging dann in die innere Emigration und wurde sehr verschlossen. Erst als ich älter als fünfzig Jahre war, konnte ich in einem Seminar Zugang zu meiner Mutter finden. Als dort in einer Familienrekonstruktion das Kriegsgeschehen in der Familiengeschichte eines anderen Seminarteilnehmers sehr eindrücklich in Szene gesetzt wurde, konnte ich plötzlich den ganzen Schmerz meiner Mutter fühlen: Sie hat im Krieg beide Eltern, beide Brüder und ein eigenes Kind, meinen älteren Bruder, verloren. So kam ich von dem Vorwurf in eine heftige Trauer und dann zur Liebe. Das tat meiner Seele gut, denn ich fand einen Zugang zur Seele meiner Mutter. Ich konnte spüren lernen, sie hat mich auf eine versteckte Art geliebt. Die Last, mich als das ungeliebte Kind meiner Mutter zu fühlen, war damit verschwunden, und da mich genau das so eingeengt hatte, fühlte ich mich danach sehr erleichtert.«

Die Eltern so nehmen zu lernen, wie sie waren oder sind, ohne Vorbehalt, das ist oft nicht einfach, wenn sich viel Schweres aufgehäuft hat, beispielsweise durch Schläge oder Vernachlässigung. Der Vorgang des Nehmens erfordert dann viel Demut. Andererseits: Die Eltern haben dem Kind das Größte gegeben, was es gibt – das Leben. Schon dafür gehören sie geachtet, auch wenn es danach nicht so gut weiterging. Meine Eltern anzunehmen, wie sie waren, einzuwilligen, dass ich diese und keine anderen Eltern habe, dass sie für mich die »Richtigen« sind, das ist das, was mich als erwachsenes Kind wirklich frei macht. Und wir betonen nochmals: Das Nehmen der Eltern bedeutet gerade nicht, dass ich lebenslang kindlich an sie gebunden bleibe. Es ist vielmehr die Voraussetzung dafür, ungeteilt sein Eigenes zu leben und ganz Mann beziehungsweise ganz Frau zu werden.

Wir möchten noch ergänzen: Das Nehmen kann durch ein Trauma blockiert sein. Eine extrem schwere Geburt, eine Krankheit in der Kindheit mit Trennung von den Eltern und, wie schon erwähnt, Gewalterfahrungen können verhindern, dass die beschriebenen Schritte möglich sind. In einem solchen Fall muss zuerst Traumaarbeit geleistet werden, bevor es gut weitergehen kann.

Das »Nehmen der Eltern«, so, wie wir es verstehen, ist ein einseitiger Prozess, der sich in der Seele des Kindes vollzieht. Dieser Vorgang ist unserer Erfahrung nach zentral, wenn Menschen zum inneren Frieden mit ihren Eltern finden wollen. Als einseitiger, innerer Prozess unterscheidet er sich grundlegend von dem, was normalerweise unter »Versöhnung mit den Eltern« verstanden wird. Den Begriff Versöhnung in diesem Zusammenhang zu verwenden ist aus unserer Sicht problematisch, denn in der Regel bezeichnet er ein Geschehen, an dem mindestens zwei Personen beteiligt sind, um alte Konflikte zu beenden. Beispielsweise treffen sich verstrittene Geschwister, um sich zu versöhnen, oder ein getrennt lebendes Paar vereinbart einen Versöhnungsversuch. Beide Seiten verzichten auf alten Groll oder lange erhobene Vorwürfe und Ansprüche.

Demgegenüber ist, und das möchten wir nochmals betonen, das Nehmen der Eltern ein einseitiger Prozess, in dem es vorrangig um die innere Arbeit des Hinschauens, des Anerkennens, des Verzichts auf Vorwürfe und des Sich-Verabschiedens geht. Als dessen Resultat bin ich in meinem Inneren versöhnt mit meinen Eltern, ohne Aussprache und Begegnung mit ihnen und ohne dass die Eltern etwas dazu beitragen müssen. Es geht also nicht darum, dass Sie sich mit Ihren Eltern in einer Aussprache, mit Tränen und Umarmung versöhnen, sondern dass Sie innerlich versöhnt sind, weil Sie Ihre Eltern als Eltern genommen haben. Wenn es sich ergibt, können Sie natürlich auch mit Ihren Eltern darüber sprechen, dass Sie jetzt vieles anders sehen und erleben, doch schon ein Gespräch darüber kann für Eltern eine Überforderung sein. Dann heißt es, die Zurückhaltung oder Abwehr der Eltern gelassen zu respektieren, in einer erwachsenen Haltung, ohne wieder kindlich enttäuscht zu sein, weil Sie etwas nicht bekommen haben, was Sie wollten.

Noch weniger angemessen ist es aus unserer Sicht, wie in vielen Büchern empfohlen wird, den Eltern zu vergeben und zu verzeihen. Diese Begriffe haben eine moralische Färbung: Ihr seid die Bösen, die etwas Schlimmes verbrochen haben, und ich verzeihe euch großmütig, was Ihr mir angetan habt.

Vielleicht spüren Sie einmal selber nach, wie Sie diese Haltung empfinden. Unserer Erfahrung nach geht es erwachsenen Kindern nicht gut damit, wenn sie in dieser Weise den Eltern gegenüber auf dem Sockel stehen. Verzeihen fühlt sich völlig anders an, als die Eltern demütig als Eltern zu nehmen mit allem, was zu ihnen gehört. Beim Verzeihen bleibt die Achtung vor den Eltern mit ihren Lebensrucksäcken und ihrer Lebensleistung auf der Strecke. Die Eltern sind dann klein, und das Kind ist groß. Doch gerade das Kleinwerden vor den Eltern ist unerlässlich für die Ablösung im Guten und ein eigenständiges erwachsenes Leben.

Wenn Sie prüfen möchten, ob die »Größenverhältnisse« zwischen Ihnen und Ihren Eltern stimmen und ob Sie Ihre Eltern wirklich »mit allem Drum und Dran« als Eltern genommen haben, können wir Ihnen einige praktische Vorschläge dazu machen. Sie funktionieren nur mit »großen« Eltern und »klein« gewordenen Kindern. Manchmal geht es auch nur zum Vater oder nur zur Mutter hin, dann ist zu dem anderen Elternteil hin noch etwas zu tun.

Zum einen können Sie sich innerlich nochmals in Ihre Kindheit versetzen. Stellen Sie sich vor, Sie sitzen bei Ihrer Mutter auf dem Schoß, oder Ihr Vater nimmt Sie in den Arm und tröstet Sie. Wenn Sie das gedanklich zulassen oder sogar genießen können, auch wenn Sie das nie erlebt haben, deutet das darauf hin, dass Sie nicht mehr in Vorwürfen und Ablehnung stecken. Vielleicht können Sie über derartige innere Bilder sogar noch ein bisschen Nähe nachholen.

Zum anderen können Sie sich vorstellen, wie Sie sich jetzt als erwachsener Mensch mit dem Rücken an beide Eltern anlehnen. Dazu stellen Sie in Gedanken Vater und Mutter nebeneinander hinter sich – selbst wenn sie real getrennt waren – und lehnen sich vertrauensvoll an. Können Sie das, oder fürchten Sie, fallen gelassen zu werden, weil die Eltern zu schwach sind? Fühlen Sie sich gehalten, und spüren Sie die Kraft Ihrer Eltern? Dann haben Sie Ihre Eltern auch im übertragenen Sinn im Rücken und können sich gestärkt Ihrem eigenen Leben zuwenden.

Durch das Nehmen ist auch dem »Lassen der Eltern« der Weg bereitet. Auch das Lassen der Eltern ist in erster Linie ein innerer Prozess. Ein Kind ist hauptsächlich auf die Eltern ausgerichtet. Besonders dann, wenn es sich ihrer Liebe nicht sicher sein kann oder damit rechnet, dass etwas Schlimmes passiert, muss es sie ständig im Blick behalten. Wenn ich meine Eltern im Rücken habe, ändert sich die Blickrichtung grundlegend, nämlich weg von den Eltern hin auf das eigene Leben. Die Gedanken kehren nicht immer wieder automatisch zu Unerledigtem aus der Kindheit zurück, der Blick und die Energie können sich auf anderes richten.

Die innere Veränderung wirkt sich auch auf Ihren konkreten Umgang mit den Eltern aus. Wenn Sie nicht mehr bedürftig sind oder voller Vorwurf, können Sie Ihre Eltern auch im realen Leben zunehmend so lassen und achten, wie sie sind, und respektvoller mit ihnen umgehen als bisher. Wenn Sie ihr

Schicksal achten, wissen Sie auch, dass Sie es ihnen nicht abnehmen können, und werden dies weniger als bisher versuchen. Ihre Erwartungen an die Eltern werden weniger, und Sie lassen auch übertriebene Fürsorge los – schließlich sind die Eltern für sich selbst verantwortlich, und Sie sind nur das Kind.

Das Lassen der Eltern betrifft in ganz besonderer Weise diejenigen Erwachsenen, die sehr einverstanden damit sind, Kind gerade dieser Eltern zu sein. Mit dem Nehmen der Eltern haben sie meistens kein Problem. Es ist überhaupt kein Thema für sie, denn auch als Erwachsene fühlen sie sich ihren Eltern innig verbunden. Die einen lassen sich weiter die Fürsorge ihrer Eltern gerne gefallen, die anderen fühlen sich stark für ihre Eltern verantwortlich. Wieder andere teilen selbstverständlich all ihre Freuden und Sorgen mit der Mama oder dem Papa und verbringen viel Zeit »daheim«, auch wenn sie längst verheiratet sind und eigene Kinder haben. Manche von ihnen allerdings spüren doch, dass diese enge Bezogenheit auf die Eltern sie in ihren eigenen Entwicklungsmöglichkeiten einengt. Auch sie können nur gewinnen, wenn sie sich aus der Kindrolle verabschieden.

Wenn das Nehmen und das Lassen der Eltern innerlich gelungen ist, fühlt sich die Beziehung leicht an, und nicht selten ist sie dann auch im konkreten Vollzug ganz leicht und gut. Das gesamte Lebensgefühl kann sich dadurch zum Positiven verändern. Es kann aber auch vorkommen, dass sich die reale Beziehung mit der Mutter oder dem Vater weiterhin schwierig gestaltet. Zweifeln Sie trotzdem nicht, dass Sie auf einem guten Weg sind, und bleiben Sie bei Ihrer Linie. In Teil 3 unseres Buches werden wir unter anderem noch auf einige besondere Herausforderungen eingehen, die sich häufig in der Beziehung zu den Eltern ergeben. Dort werden wir auch Vorschläge machen, wie Sie Erfolg versprechend damit umgehen können.

Nicht zu nah und nicht zu fern

Das Nehmen und das Lassen der Eltern ist die Voraussetzung dafür, in einem guten Abstand zu ihnen das eigene Leben leben zu können. Zugleich gilt umgekehrt: Aus einem guten Abstand heraus fällt das Nehmen und das Lassen leichter. Stehen Sie innerlich nah bei Ihrer Mutter oder Ihrem Vater, dann ist das Ablösen schwer möglich. Dasselbe gilt, wenn Sie Ihrer Mutter fern stehen oder Ihrem Vater. Der Grund dafür liegt in der andauernden kindlichen Bindung beim Zu-nahe-Stehen, genauso beim Zu-fern-Stehen – sie ist in beiden Fällen vorhanden, auch wenn es äußerlich nicht so aussieht.

Es lässt sich auch so ausdrücken: Ob Sie nun zu nah stehen oder zu fern, in beiden Fällen ist das Erwachsenwerden erschwert. Die Nähe bremst eigenes Wachstum, weil die eigenen Wurzeln zu wenig Platz zur Entfaltung haben. Und auch die Ferne bremst eigenes Wachstum, weil die Kraft der familiären Wurzeln fehlt, die die eigenen Wurzeln zum Starkwerden benötigen.

In der Regel stehen erwachsene Kinder, die ihren Eltern in ungebrochener kindlicher Liebe verbunden sind, zu nah bei ihnen, und die, die voller Vorwürfe an die Eltern sind, stehen zu fern. Doch beim genaueren Hinschauen differenziert sich das Bild. Und manchmal ist es in Wirklichkeit anders, als es nach außen wirkt. Kleinigkeiten lassen dann bisweilen erkennen, wo ein erwachsenes Kind bezogen auf seine Eltern steht.

Zum einen finden sich mit Vorwürfen beladene Erwachsene, die erklärtermaßen mit ihren Eltern oder mit einem Elternteil nichts mehr zu tun haben wollen, weil es bei jedem Kontakt zu heftigen Auseinandersetzungen kommt. Gedanklich beschäftigt es sie aber sehr, wie es den alten Eltern geht, und sie leiden unter der Funkstille. Im Grunde wären sie nochmals gern das kleine Kind in den Armen der Mutter oder auf dem Schoß des Vaters.

Zum anderen gibt es auch Fälle, in denen offensichtlich eng bei den Eltern stehende erwachsene Kinder innerlich im Dauerkonflikt mit ihnen sind und durchaus Aggressionen spüren. Sie halten es beispielsweise kaum aus, dass der Vater sie herumkommandiert oder die Mutter bei jedem Besuch jammert. Aber sie gehen trotzdem immer wieder hin, sie wollen das liebe Kind bleiben.

Schließlich ist es häufig so, dass ein Kind dem einen Elternteil sehr nahe steht und dem anderen eher fern. Wenn Sie sich das bildlich vorstellen, sieht das zum Beispiel so aus, dass die Eltern nebeneinander stehen und die Tochter direkt an der Seite des Vaters, so dass sie ihre Mutter gar nicht sehen kann. Oder der Vater befindet sich ein Stück weit weg, und der Sohn steht an der Seite der Mutter, wie wenn er der Ehemann wäre.

Diese Nähe zu dem einen Elternteil mit gleichzeitiger Ferne zu dem anderen kann verschiedene Wurzeln haben. Häufig sind es ungelöste Verstrickungen im Familiensystem. Wenn zum Beispiel die Mutter einen geliebten Bruder verloren hat, kann ein Sohn diesen Platz in ihrem Herzen ersatzweise einnehmen. Oder eine Tochter spürt, dass der Vater an irgendetwas schwer trägt, und versucht ihn zu stützen. Die zu große Nähe zu einen Elternteil hat weit reichende Folgen, besonders in Ehe und Partnerschaft.

Nehmen wir als Beispiel Frauen, die innerlich zu nah bei ihrem Vater stehen. Diese sogenannten »Vatertöchter« sind oft attraktiv für Männer. Viele finden leicht einen Partner, doch oft gelingen die Partnerschaften nicht auf Dauer. Im Hintergrund spielen folgende Aspekte eine Rolle:

Durch die zu enge Bindung an den Vater ist eine Vatertochter nicht wirklich frei für einen anderen Mann. Wenn sie ihren Vater sehr bewundert, kann letztlich kein Mann neben diesem supertollen Vater bestehen. Wenn sie ihren Vater gestützt hat, hat sie früh viel Verantwortung übernommen und konnte nicht richtig Kind sein. Diese unerledigten kindlichen Bedürfnisse kommen dann meist in einer Partnerschaft hoch und überfordern sie.

Durch die schon in der Kindheit eingenommene Position nah beim Vater gerät die Tochter in Konkurrenz mit der Mutter, manchmal fühlt sie sich als »bessere« Frau für den Vater. Das Verhältnis zur Mutter ist dadurch gespannt. Dadurch fehlt ihr die für eine dauerhafte Partnerschaft nötige weibliche Kraft, die eine Frau nur von der Mutter bekommen kann.

Ähnliche Folgen hat es, wenn ein Sohn zu nahe bei der Mutter steht. Der Platz an seiner Seite, der für die Frau frei sein sollte, ist schon durch die Mutter besetzt. Gegenüber der verehrten Mutter haben es andere Frauen schwer. Außerdem fehlt ihm oft die männliche Kraft, weil er Vorbehalte gegenüber seinem Vater hat. Im Kapitel über den Mutter-Mythos war das schon Thema.

Wenn die Eltern geschieden sind, geschieht es häufig, dass ein Kind sich mit dem einen Elternteil solidarisiert und den anderen ablehnt. Oft wird der »verlassene« Elternteil gestützt und der »schuldige« Teil abgelehnt. Andererseits können sich auch viele Aggressionen auf den Elternteil richten, bei dem das Kind lebt, und der andere in der Ferne ist das Ziel unerfüllter Sehnsucht. Es gibt Scheidungskinder, die ein Leben lang für ihren Vater oder ihre Mutter da sind, und es gibt die, die in der eigenen Ehe dann das zu finden hoffen, was ihnen in der Kindheit gefehlt hat.

Sie sehen, sowohl das Zu-nahe-Stehen als auch das Zu-ferne-Stehen, wie immer es konkret aussieht, wirft lange Schatten hinein ins Erwachsenenleben. Nicht nur die Partnerschaft, auch das Lebensgefühl ganz allgemein wird beeinträchtigt, wenn der Abstand zu den Eltern oder zu einem Elternteil nicht stimmt.

In einem guten Abstand bleibt die Verbindung zu den Eltern erhalten, ohne einzuengen. Wenn es beides gibt, Verbundenheit mit der Mutter und dem Vater und zugleich Eigenständigkeit, dann fühlt es sich weit und leicht an. Verbundenheit und Eigenständigkeit gehören zusammen wie zwei Seiten einer Medaille. Damit ist eine Verbundenheit gemeint, die nicht in Abhängigkeit besteht oder auf Mitleiden und Mittragen basiert, sondern auf Achtung und dem Wissen um Zugehörigkeit. Und eine Eigenständigkeit ist gemeint, die für das eigene Leben Verantwortung übernimmt und dennoch in Verbindung bleibt mit den familiären Wurzeln.

Der »richtige« Abstand ist individuell verschieden. Die einen empfinden mehr Nähe als angenehm, die anderen wollen lieber etwas weiter weg. Auch kann der Abstand mal größer oder mal kleiner sein, je nach den Lebensumständen oder auch beeinflusst durch Ereignisse im Leben der Eltern. Wichtig ist, dass Sie die beiden Pole Verbundenheit und Eigenständigkeit im Auge behalten und nicht einen von ihnen außer Kraft setzen.

Oft ist es schwierig, den gewonnenen festen Stand auf Dauer zu bewahren. Der neue Stand – ferner oder näher als bisher – ist gewöhnungsbedürftig. Es braucht Zeit, bis er vertraut wird. Außerdem kann das, was wir ein Leben lang gewohnt waren, sehr hartnäckig sein und erledigt sich nicht so ohne Weiteres, wenn sich unsere innere Haltung gewandelt hat.

Erwachsenwerden ist schwer

»Nur wer Kind war, wird Mann« – dieser Ausspruch des Dichters Ludwig Tieck bringt es auf den Punkt. Immer wieder erfahren wir in unserer Arbeit: Wer nicht wirklich Kind sein konnte, tut sich schwer damit, wirklich erwachsen zu werden.

Dass sie nicht unbeschwert Kind sein konnten, das ist die Erfahrung vieler Erwachsener, die nicht in Frieden mit ihren Eltern sind. Was sie zu ihrer ungestörten Entwicklung gebraucht hätten, bekamen sie nicht oder nicht in ausreichendem Maße.

Zu den legitimen emotionalen Bedürfnissen eines Kindes gehört neben körperlicher Unversehrtheit und materieller Sicherheit vor allem, dass es sich angenommen fühlen kann, so, wie es ist. Es muss spüren können, die Eltern stehen hinter ihm, bei ihnen ist es sicher, sie interessieren sich für ihr Kind und lassen ihm den für seine Entwicklung und Entfaltung nötigen Raum.

Kinder, die all dies nicht oder unzureichend erfahren haben, fühlen sich nicht geliebt. Um diese bedrohliche Mangelsituation zu bewältigen, entwickeln sie unterschiedliche Strategien. Die einen versuchen, durch Bravsein und Leistung die Liebe ihrer Eltern zu gewinnen. Andere machen Schwierigkeiten, um wenigstens Aufmerksamkeit zu bekommen, wenn schon an Liebe nicht zu denken ist. Wieder andere gehen in den inneren Widerstand oder resignieren und bauen eine Schutzmauer um ihre Seele mit der Folge einer seelischen Gefangenschaft.

Zentrale kindliche Bedürfnisse, die nicht zu ihrer Zeit befriedigt werden, begleiten einen Menschen in der Regel in sein Erwachsenenleben hinein. Sie erledigen sich nicht von selbst, sondern machen sich immer wieder bemerkbar in Form von Gefühlen und Verhaltensweisen, die nicht so recht zu einem erwachsenen Menschen passen wollen. Vielleicht kommt Ihnen manches von dem, was wir nun schildern, vertraut vor, weil Sie es bei anderen oder auch sich selbst schon bemerkt haben.

Bei manchen Erwachsenen zeigt sich eine gewisse Kindlichkeit in der Art und Weise, wie sie ihre Wünsche zum Ausdruck bringen. Frau Sch. zum Beispiel fällt es schwer, ihre Wünsche klar und sachlich als Bitte zu formulieren, die ihr Gegenüber auch ablehnen kann, ohne dass es ein Drama ist. Ihr fällt selber auf, dass sie oft wie ein Kind schmeichelt und bettelt, um ihrem Mann seine Zustimmung abzuringen, so, wie sie es früher bei ihrem Vater versucht hat. Und so wie damals in der Kindheit erlebt sie es immer noch als Liebesentzug, wenn ihr ein Wunsch nicht erfüllt wird.

Auch bei Konflikten reagieren viele Erwachsene noch mit Strategien, die sich in ihrer Kindheit als nützlich erwiesen haben. Weinen, Quengeln und Schmollen, aber auch Trotzen und Um-sich-Schlagen zeigen an, dass an alte Wunden gerührt wurde und die alten Gefühle schlagartig belebt wurden. Auch Weglaufen oder innerliches »Dichtmachen« sind solche Strategien, die sich noch aus der Kindheit gehalten haben. Herr V. beispielsweise erinnert sich gut, wie er als Kind immer abgehauen ist, wenn es mal wieder Streit zwischen den Eltern gab, und wie er die Ohren auf Durchzug stellte, wenn er selbst Stress mit seiner Mutter hatte. Und er sieht schon die Ähnlichkeit zu seinem jetzigen Verhalten bei Konflikten mit seiner Frau: Er lässt sie einfach stehen, zieht sich in seinen Hobbyraum zurück oder verlässt sogar das Haus.

Andere Erwachsene, unserer Erfahrung nach meist Frauen, aber auch manche Männer, brauchen ganz viel Aufmerksamkeit und Zuwendung. Sie fordern sie auch dann ein, wenn ihr Gegenüber gerade gedanklich woanders ist oder Wichtiges zu tun hat. Sie plappern munter drauflos, erzählen dies und das, was sie gerade beschäftigt oder was sie erlebt haben. Manche stellen auch viele Fragen, um ein Gespräch in Gang zu bringen. Dabei merken sie gar nicht, wie anstrengend das für ihr Gegenüber sein kann, das vielleicht gerade seine Ruhe braucht. Oft trifft es den Partner oder die Partnerin, aber auch die eigenen Kinder können die noch kindliche Bedürftigkeit ihrer Mutter oder ihres Vater zu spüren bekommen.

Die Braven Töchter, deren Lebensthematik wir uns ausführlich in unserem ersten Buch gewidmet haben, brauchen es weiterhin, gebraucht zu werden. Wie als Kinder, als sie durch Tüchtigkeit die Liebe von Mama oder Papa gewinnen wollten, machen sie sich auch als Erwachsene nützlich, wo sie nur können. Sie wollen es allen recht machen, möglichst perfekt sein, möglichst keinen Anlass zu Kritik geben, für alles gelobt werden. Gut für sich selbst zu sorgen, bei Kritik gelassen zu bleiben, sich selbst Bestätigung zu geben, das fällt ihnen sehr schwer.

Die kindlichen Reste können vor allem in der Paarbeziehung massive Turbulenzen verursachen. Auch im Berufsleben machen sie sich oft störend bemerkbar. Und im Verhältnis zu den eigenen Kindern können sie zu einer Schieflage führen, ähnlich der, die in der eigenen Kindheit leidvoll erfahren wurde. Wie schon erwähnt, spüren die Kinder die Bedürftigkeit der Mutter oder des Vaters, nehmen Rücksicht, tragen mit, ziehen sich zurück oder revoltieren gegen die unangemessene Inanspruchnahme durch Eltern, die ihre Rolle nicht angemessen ausfüllen können. So setzt sich das Drama oft über Generationen fort, eine unendliche Geschichte. Bezogen auf die Eltern haben wir ja schon unter der Überschrift »Immer noch das Kind« im ersten Teil unseres Buches dargelegt, dass viele Bemühungen erwachsener Kinder, mit ihren Eltern klarzukommen, noch kindliche Züge tragen.

Was verstehen wir demgegenüber unter einem »erwachsenen« Verhalten? Menschen, die wirklich erwachsen sind, übernehmen Verantwortung für ihr eigenes Leben. Sie stehen gut für sich selber. Sie können zwischen Wichtig und Unwichtig unterscheiden. Sie reagieren mit Augenmaß auf Kritik, können sich gegenüber unangemessenen Forderungen abgrenzen und Frustrationen aushalten. Im Konfliktfall können sie bei sich selbst bleiben. Wünsche können sie klar und freundlich formulieren und Ärger angemessen ausdrücken. Sie sind ihrer selbst sicher, gelassen und konfliktfähig.

Wenn Sie das Nehmen und das Lassen Ihrer Eltern vollzogen haben und wenn Sie außerdem in einem guten Abstand zu ihnen stehen, nicht zu nah und nicht zu fern, dann haben Sie die grundlegenden Voraussetzungen dafür geschaffen, in vollem Umfang erwachsen zu werden. »Eigentlich« können Sie überall darauf verzichten, sich selbst und anderen mit noch kindlichen Bedürfnissen und Verhaltensweisen das Leben unnötig schwer zu machen. Doch das Vertraute und Gewohnte überdauert oft, auch wenn es im Grunde überflüssig geworden ist.

Daher ist es ganz normal, wenn Sie sich immer wieder einmal dabei ertappen, dass Sie sich entgegen Ihrer Absicht nicht so ganz erwachsen verhalten, in welchem Bereich auch immer. Rückfälle sind die üblichen Begleiter auf dem Weg des Erwachsenwerdens. Wenn jemand – mal wieder – in kindliches Verhalten zurückfällt und darüber unglücklich ist, dann formulieren wir gerne wohlwollend: »Erwachsenwerden ist schwer. Wir selbst sind auch noch am Üben.«

Dieser Hinweis macht Mut und spendet Trost. Niemand kann immer erwachsen handeln, und Perfektion ist auch nicht nötig. Andererseits hat der Spruch etwas Herausforderndes. Auch wenn es nicht leicht ist, das Erwachsenwerden ist ein wichtiges und lohnendes Ziel. Wenn Sie da vorankommen möchten, sollten Sie es fest im Blick behalten und bei jeder Gelegenheit geduldig üben – in Ihrer Partnerschaft, im Umgang mit Ihren Kindern, im Freundes- und Kollegenkreis und natürlich auch bezogen auf Ihren Vater und Ihre Mutter. Rückfälle werden dann im Lauf der Zeit immer seltener werden. Sie merken es immer schneller, wenn Sie in alte Gefühle und alte Verhaltensweisen zurückfallen, und sind ihnen nicht mehr so ausgeliefert wie früher.

Auf dem Weg des Erwachsenwerdens lauern andererseits viele Fallen. Diese Fallen sind nicht ungefährlich – sie können verhindern, dass Sie das angestrebte Ziel erreichen. Wir möchten Ihnen daher in Teil 3 unseres Buches noch einiges an bewährtem Handwerkszeug mit auf den Weg geben – zur »Unterstützung in besonderen Lebenslagen«. Wie schon vielen unserer Klientinnen und Klienten kann es vielleicht auch Ihnen dabei helfen, einen guten Abstand zu Ihrem Vater und Ihrer Mutter zu bewahren oder zu gewinnen und sich auch unter schwierigen Bedingungen erwachsen zu verhalten.

Teil 3: Was sonst noch weiterhilft

Die Eltern als Eltern zu nehmen, etwa mit Hilfe der beschriebenen Rituale, das ist unserer Erfahrung nach der entscheidende Schritt, um in Frieden mit den Eltern zu kommen. Viele unserer Klientinnen und Klienten haben uns berichtet, die Beziehung zu den Eltern habe sich dadurch entspannt; etwas habe sich grundlegend verändert, nachdem sie von innen heraus zustimmen konnten, Kind gerade dieses Vaters und dieser Mutter zu sein.

Wir hören aber auch von den verschiedensten Schwierigkeiten, die trotz der vollzogenen Hinwendung zu den Eltern auftreten können – nicht alles ist eitel Sonnenschein. Zum einen läuft es im alltäglichen Umgang nicht immer »rund«, zum anderen machen sich alte Verletzungen doch wieder bemerkbar. Auch besondere Lebenslagen wie Gebrechlichkeit der alt gewordenen Eltern können eine besondere Herausforderung sein. Bisweilen ist zusätzliche Arbeit nötig, weil die »eigentlich« überflüssig gewordenen Mechanismen sehr leicht wieder anspringen.

Oft braucht es nur einen kleinen Auslöser, und wir fühlen uns gleich wieder als das unglückliche, ungeliebte, unverstandene Kind von damals. Und automatisch reagieren wir in kindlicher Weise: Wieder bemühen wir uns, den Erwartungen der Eltern gerecht zu werden, konkurrieren mit unseren Geschwistern um die Aufmerksamkeit der Mutter oder die Anerkennung des

Vaters, fühlen uns schuldig, wenn es Vater oder Mutter schlecht geht, gehen auf Abstand oder fühlen uns als Opfer. Besonders wenn sich in der Beziehung zu den Eltern viel Schweres angehäuft hat, kann das Erwachsenwerden ziemlich anstrengend sein. Da ist es hilfreich, das passende »Gegenmittel« für bestimmte häufig auftretende Situationen »griffbereit« zu haben.

Wenn die Eltern fordernd oder übergriffig sind: Das Ritual der doppelten Handbewegung

Mütter, Väter oder beide können eine Zumutung sein. Manche sind ständig unzufrieden, nörgeln an vielem herum, jammern und machen sich und anderen das Leben schwer. Manche sind immer wieder fordernd, wollen mehr Zuwendung, mehr Besuche, mehr gemeinsame Zeit. Manche mischen sich in das Leben ihrer erwachsenen Kinder ein, sind abwertend, urteilen, geben keine Ruhe. Manche kreisen nur um sich selber und haben ihre Kinder nicht im Blick.

Solche Verhaltensweisen nerven und belasten und sind schwer auszuhalten. Besonders wenn sie über Jahre oder Jahrzehnte andauern, können sie jeden Kontakt vergällen. Besuche und Anrufe verlaufen in der Regel unerfreulich. Es scheint keine wirksame Methode zu geben, sich dagegen zur Wehr zu setzen oder das Verhalten der Eltern zu beeinflussen.

Für Klientinnen und Klienten mit Eltern, die die Grenzen ihrer erwachsenen Kinder nicht respektieren, haben wir eine spezielle Abgrenzungsmethode entwickelt: das Ritual der doppelten Handbewegung. Es handelt sich dabei um eine Kombination aus Zugewandtheit und klaren Bitten, verbunden mit einer klaren Abgrenzung. Es hat sich in der Praxis vielfach bewährt. Auch ohne dass wir es Ihnen vorführen, können Sie es anhand der folgenden Beschreibung leicht erlernen. Wenn Sie es verstanden und für sich geübt haben, können Sie im direkten Kontakt mit Ihrer Mutter oder Ihrem Vater darauf zurückgreifen.

Um das Ritual durchzuführen, gehen Sie in einen Raum, in dem Sie ungestört sind. Stellen Sie einen Stuhl auf, auf dem Sie sich in Gedanken, je nachdem, um wen es gehen soll, Ihre Mutter oder Ihren Vater sitzend vorstellen. Stellen Sie sich in etwas weniger als zwei Meter Abstand vor den Stuhl. Halten Sie beide Arme ausgestreckt nach vorne, eine Hand einladend oder anbietend nach oben geöffnet in Richtung der Person, die Sie sich auf dem Stuhl vorstellen. Ihre andere Hand halten Sie daneben mit der Handfläche nach vorne gerichtet, so dass sie ein klares, kraftvolles Stopp ausdrückt: »Halt! Bis hierher und nicht weiter!« Beide, die offene Hand und die abgrenzende Hand, gehören zusammen.

Das Ritual mit dieser speziellen Haltung der Hände bringt zum Ausdruck: Einerseits sind Sie und bleiben Sie die Tochter oder der Sohn, und Sie bemühen sich um ein gutes Miteinander. Auf der anderen Seite sind Sie eine erwachsene Frau oder ein erwachsener Mann, und es ist Ihr gutes Recht, Respekt einzufordern und Einmischungen in Ihr Leben zurückzuweisen.

Diese beiden Seiten der Beziehung sind dann noch in Worte zu fassen. Halten Sie Ihre Hände in der beschriebenen Position, sagen Sie einerseits, wer Sie sind, und formulieren Sie andererseits, was Sie als erwachsener Sohn oder erwachsene Tochter möchten und was nicht für Sie geht. Vor der Ausführung des Rituals ist es sinnvoll, die Sätze sorgsam zu formulieren und sie aufzuschreiben. Es hat sich bewährt, im Ton freundlich und verbindlich zu sein, und dennoch sehr klar und deutlich zu sagen, wo Sie wollen, dass Grenzen beachtet werden. Die folgenden Beispiele sollen Ihnen eine Vorstellung davon vermitteln, wie das gehen könnte:

Bei einer Mutter, die viel jammert und nörgelt, könnten folgende Sätze formuliert werden: »Liebe Mama, ich komme gerne zu dir zum Kaffeetrinken, aber nur, wenn wir dann miteinander über erfreuliche und schöne Dinge reden. Wenn du jammern und herumnörgeln willst, dann ist mir meine Zeit dafür zu schade, dann mache ich lieber andere Dinge, als bei dir hier zu sitzen.« Oder bei einem fordernden Vater: »Lieber Papa, ich bin jetzt 35 Jahre alt und habe mein eigenes Leben. Ich komme gerne zu dir, wenn es für mich passt. Dann möchte ich aber nicht, dass du mir Vorwürfe machst und mich anklagst.« Oder bei einer Mutter, die sich bei ihrem Sohn über dessen Frau, ihre Schwiegertochter, beklagt: »Liebe Mama, du bist meine Mutter, und du bist mir wichtig. Ich bin mit Edith verheiratet. Sie ist meine Frau. Ich möchte nicht, dass du negativ über sie sprichst. Bitte halte dich da heraus. Andernfalls werde ich sofort gehen.«

Zu dem Ritual gehört also zweierlei, die doppelte Handbewegung gegenüber dem imaginierten Elternteil und das Benennen der wichtigen Punkte, möglichst kurz und prägnant. Beides muss geübt werden. Dann können Sie bei Ihrem nächsten realen Treffen, ohne langes Überlegen und ohne äußerlich diese Handbewegung zu machen, Ihren Eltern wirksam Grenzen setzen. Seien Sie freundlich, höflich, aber auch bestimmt und, wenn nötig, sehr deutlich. Ob Sie genau dieselben Worte verwenden wie beim Üben im stillen Kämmerlein, das ist nicht entscheidend. Entscheidend ist Ihre klare, erwachsene Haltung gegenüber Vater oder Mutter oder beiden, mit der Kombination aus Zugewandtheit und Abgrenzung.

Vielleicht gelingt es Ihnen auf Anhieb, sich bei Ihren Eltern Gehör und Respekt zu verschaffen. Vielleicht ist das nur in einem Prozess mit vielen kleinen Schritten möglich. Wie schnell und nachhaltig Sie Erfolg haben, hängt von verschiedenen Faktoren ab. Sie erreichen umso wahrscheinlicher einen Fortschritt, je klarer und ruhiger Sie auftreten. Das wird Ihnen umso leichter fallen, je stabiler Sie innerlich in einem guten Abstand zu Ihren Eltern stehen. Wenn Sie tief innen aber noch das bedürftige oder vorwurfsvolle Kind sind, das mit den Eltern hadert oder noch viel von ihnen braucht, werden Ihre Eltern Sie vermutlich weiterhin nicht ernst nehmen. Doch bleiben Sie »dran«, nehmen Sie immer wieder einen neuen Anlauf. Das wird Ihnen helfen, Ihren Eltern gegenüber zunehmend erwachsener aufzutreten. Damit steigt Ihre Chance, mit Ihren Wünschen von ihnen respektiert zu werden.

Manchmal ist es aus dem Grund schwierig, sich gegenüber Forderungen und Übergriffen der Eltern abzugrenzen, weil »so etwas« in der Familie einfach nicht üblich ist. Niemand von den Geschwistern würde auf den Gedanken kommen, den Eltern Grenzen zu setzen. Wer es tut, stellt sich sozusagen gegen in der Familie geltende ungeschriebene Gesetze und muss mit Missbilligung aller anderen rechnen. Es gehört schon Mut dazu, auszubrechen und es anders zu machen als alle anderen und sich unter Umständen Probleme mit den Geschwistern einzuhandeln.

Besonders schwierig kann die Abgrenzung sein, wenn die Eltern »eigentlich« ganz lieb und fürsorglich sind. Doch machen Sie sich klar: Auch von einer guten Mutter und einem guten Vater muss und darf Abstand genommen werden. Vielleicht verstehen die Eltern es absolut nicht, warum Sie sich abgrenzen – es war doch immer ein so enges Verhältnis und hat kaum mal Streit gegeben, und sie wollen doch nur das Beste für ihre Kinder … Doch Sie dürfen Ihnen Ihr Nein zumuten. Sie dürfen Ihre Eltern enttäuschen. Sie müssen sich nicht für Ihre Abgrenzung rechfertigen. Und Sie dürfen aus dem Leben, das Ihre Eltern Ihnen geschenkt haben, etwas Eigenes machen, etwas, das für Sie stimmt.

Auch bestimmte Formen einer bewusst christlichen Erziehung können die notwendige Klarheit gegenüber den Eltern behindern. Manchmal wird das Gebot »Du sollst Vater und Mutter ehren« als Instrument eingesetzt, Kinder ein Leben lang klein und gehorsam zu halten. Dann gilt jeder Widerspruch und jeder Ansatz von Eigenständigkeit als Verstoß gegen das Gebot der Achtung vor den Eltern. Schuldgefühle bei den Kindern sind die Folge.

Doch so ist das Gebot falsch verstanden. Vater und Mutter ehren, das meint eine grundsätzliche Haltung der Achtung vor den Eltern, so, wie sie sind, mit ihrem Lebensrucksack und mit ihren Fehlern und Schwächen. Dieses Ehren ist auch uns sehr wichtig, es ist sogar ganz zentral für das Gelingen der Ablösung, wie wir mehrfach beschrieben haben. Es bedeutet jedoch nicht, dass immer Harmonie zwischen Eltern und Kindern herrschen sollte oder Kinder sich von ihren Eltern alles gefallen lassen müssen.

Es ist Ihr gutes Recht, von Ihren Eltern wie von jedem anderen Menschen die Einhaltung von Grenzen zu fordern sowie Respekt vor Ihren eigenen Vorstellungen und Normen. Es darf auch einmal heftige Meinungsverschiedenheiten geben. Und Sie dürfen sogar die Reißleine ziehen und zum Beispiel einen Besuch bei den Eltern ohne viele Worte abbrechen, nachdem Ihre freundlich und bestimmt geäußerten Wünsche wieder einmal missachtet wurden. Möglicherweise reagieren Ihre Eltern strafend auf eine solche massive Abgrenzung. Doch wenn Sie sich klarmachen, Sie brauchen deshalb kein schlechtes Gewissen zu haben, fällt es Ihnen vielleicht leichter, dies auszuhalten.

Möglicherweise ist im konkreten Umgang mit den Eltern aber nicht so sehr das Sich-Abgrenzen Ihr Problem, sondern Sie tun sich schwer damit, freundlich-zugewandt zu bleiben, wenn Ihre Mutter Sie wieder einmal kritisiert oder Ihr Vater zum wiederholten Male meint, Ihnen beruflich Ratschläge erteilen zu müssen. Vielleicht schaffen Sie es, souveräner mit bestimmten Verhaltenweisen Ihrer Eltern umzugehen, wenn Sie sich Folgendes klar machen: Es gibt Verhaltensweisen, die für viele Eltern typisch sind, sozusagen zum »Normalverhalten« von Eltern gehören und über die sich aufzuregen nicht lohnt. So ist es normal, dass sich viele Eltern ein Leben lang um ihre Kinder Sorgen machen und sich deshalb in deren Leben einmischen. Kinder, die erwachsen sind, weisen das gelassen zurück. Es ist normal, dass es Konflikte zwischen den Generationen gibt. Kinder, die erwachsen sind, ziehen sich dann möglicherweise für eine Weile zurück, brechen den Kontakt aber nicht auf Dauer ab, sondern machen ein neues Kontaktangebot, zu ihren Bedingungen. Und es ist normal, dass Eltern und Kinder Dinge unterschiedlich sehen und beurteilen. Kinder, die wirklich erwachsen sind, können das aushalten.

Wenn Ihre Eltern sich schwertun, Ihre Eigenständigkeit zu akzeptieren, sollten Sie das nicht zu Ihrem Problem machen, sondern es bei Ihren Eltern lassen. Sie wissen ja, was Ihre Eltern alles in Ihren Lebensrucksäcken haben. Wahrscheinlich hängt ihre fordernde oder übergriffige Haltung, die sie nicht aufgeben können, mit einer alten Bedürftigkeit oder eigenen Verletzungen zusammen. Dafür sind Sie nicht verantwortlich, und da können Sie Ihren Eltern auch nicht wirklich weiterhelfen, selbst wenn Sie der Brave Sohn oder die Brave Tochter bleiben.

Sie sehen, es kann schon Gründe geben, weshalb das Ritual der doppelten Handbewegung nicht schlagartig bewirkt, dass Ihre Mutter oder Ihr Vater Sie als erwachsenen, eigenständigen Menschen respektiert. Doch wenn Sie dranbleiben und immer wieder die damit verbundene innere Haltung einnehmen, ist es zum einen sehr wahrscheinlich, dass sich der Umgang Ihrer Eltern mit Ihnen allmählich doch in die erhoffte Richtung ändert. Zum anderen profitieren Sie selbst auf jeden Fall von diesem Ritual, auch wenn sich bei Ihren Eltern nicht viel bewegt: Sie werden zunehmend gelassener mit der unerfreulichen Situation umgehen können; Sie werden sich nicht mehr über etwas aufregen oder an etwas leiden, was Sie sowieso nicht ändern können; und vielleicht gelingt es Ihnen sogar zunehmend, trotz allem freundlich und offen zu bleiben.

So jedenfalls erlebte es Frau H., eine Klientin, die ein eher angespanntes Verhältnis zu ihren Eltern hatte, besonders zu ihrem Vater, den sie seit jeher als sehr schwierig erlebt. Die Eltern verbringen ihren Ruhestand in Spanien und kommen traditionell zweimal pro Jahr mehrere Tage zu ihrer Tochter, die mit ihrem Mann und drei Kindern hier in Deutschland lebt. Es war immer dasselbe, am dritten Tag krachte es heftig zwischen Frau H. und ihrem Vater. Die Ansichten ihres Vater zu vielen Themen waren für sie ein rotes Tuch. Es konnte richtig heftig werden, wenn sie sich mit ihrem Vater in die Wolle geriet. So gab es regelmäßig eine Abreise im Streit.

Dieses Verhaltensmuster wollte Frau H. durchbrechen. Sie wollte ihren Vater nicht mehr so heftig attackieren, wenn er Meinungen vertrat, die sie ärgerten. Vor dem Besuch der Eltern übte sie mehrmals im »Trockenkurs«, Abstand zu halten, ohne anzugreifen. Einige Wochen nach dem Besuch berichtete sie stolz, sie wäre nur einmal kurz heftig geworden und habe es geschafft, gleich darauf wieder einzulenken. Der Besuch sei schön gewesen, und beim Abschied sei sie das erste Mal traurig gewesen, ihre Eltern für so lange Zeit nicht mehr sehen zu können.

Frau H. steht beispielhaft für die Klientinnen und Klienten, die lernen möchten, ihre Eltern mehr so gelten zu lassen, wie sie nun mal sind. Bildlich gesehen geht es ihnen um die offene Hand bei dem Ritual der doppelten Handbewegung.

Herr U. dagegen steht als Beispiel für die vielen Menschen, die sich als Erwachsene noch nicht wirklich abgenabelt haben. Er ist ein braver Sohn, als Einzelkind bei seiner Mutter aufgewachsen. Sein Vater hatte sich von ihnen getrennt, als er vier Jahre alt war. Seine Mutter hat ganz für ihn gelebt und war immer für ihn da. Inzwischen ist sie 64 Jahre alt und meint immer noch, ihrem 31-jährigen Sohn sagen zu müssen, was er zu tun hat. Die Ehe von Herrn U. ist belastet, weil seine Frau ihm zunehmend Druck macht. Seine Mutter sei ihm wichtiger als seine Frau. Er solle sich entscheiden.

Herr U. wollte es sowohl seiner Mutter recht machen als auch seiner Frau. Seine Situation erschien ihm als ausweglos. Mit dem Ritual sah er für sich einen Ausweg. Er lernte, »hinzustehen«. Nachdem er einmal deutlich gehandelt hatte und gegangen war, konnte seine Mutter erstaunlich rasch verstehen, worum es ihm ging, und sich umstellen. Sie wollte ja weiterhin nur das Beste für ihren Sohn. Sie lernte sogar ein Stück weit, die Bedürfnisse ihrer Schwiegertochter zu sehen und ernst zu nehmen. Dadurch war die Familiensituation entkrampft, und alle konnten sich wieder miteinander an einen Tisch setzen.

Wenn ich mich regelmäßig abwerte: Das Ritual der Selbstwürdigung

Wenn Menschen es schwer mit ihren Eltern haben, dann kommt häufig noch dazu, dass sie mit sich selbst ebenfalls schwertun. Wer von seinen Eltern viel Abwertung erfahren und Vorwürfe bekommen hat, wertet sich nicht selten auch noch selbst ab und macht sich selber Vorwürfe. Kinder, die von den Eltern ständig die Botschaft erhalten haben, hier hätten sie versagt und dort hätten sie es besser machen können, werden sich als Erwachsene in vielen Fällen selber nur wenig zutrauen und in der Regel nicht mit dem zufrieden sein, was sie geleistet haben, selbst wenn sie allen Grund hätten, stolz auf sich zu sein.

Zu dieser großen Gruppe von Menschen gehört auch Frau P., die sich nach Jahren eines zermürbenden Ehekrieges von ihrem Mann getrennt hat. Da sie den Kontakt des gemeinsamen kleinen Sohnes zu seinem Vater nicht erschweren wollte, verzichtete sie auf den Umzug in eine andere Stadt und damit auf bessere Berufsmöglichkeiten, mit der Folge massiver finanzieller Einschränkungen. Weil ihre Eltern gegen die Scheidung gewesen waren, unterstützten sie ihre allein erziehende Tochter weder finanziell noch in der Betreuung des Kindes. Im Gegenteil, sie machten ihr zusätzlich das Leben schwer, indem sie ihr immer wieder vorhielten, die Scheidung sei ein großer Fehler gewesen.

Angesichts all der Schwierigkeiten hat Frau P. zu kämpfen gelernt. Sie hat gelernt, sich von ihren übergriffigen Eltern abzugrenzen. Und sie hat gelernt, für ihren Sohn im Alltag alleine verantwortlich zu sein, weil der Vater sich nur als Wochenendpapa versteht.

Was sie nicht gelernt hat: sich eine Krone aufzusetzen für das, was sie alles in den letzten Jahren durchgestanden und bewältigt hat. Sich selbst zu achten und zu würdigen für diese enorme Leistung, das lag ihr fern. Im Gegenteil, sie wertete sich oft ab. Wie ihre Eltern machte sie sich insgeheim selbst verantwortlich für ihre schwere Lebenssituation. Dass sie sich von ihrem Mann getrennt hatte, war zwar nach wie vor in Ordnung für sie; doch so lange allein zu bleiben, das hatte sie eigentlich nicht vorgehabt. Andere würden doch auch wieder einen Mann finden, warum nur war bei ihr der Knoten nie geplatzt? Regelmäßig war sie unzufrieden mit sich: Sie schaffte es nicht, ihre berufliche Situation zum Positiven zu verändern. Sie schaffte es nicht, mehr Unterstützung von ihrem geschiedenen Mann zu bekommen. Sie schaffte es nicht, eine preisgünstige Wohnung zu finden. Eigentlich schaffte sie fast gar nichts …

Vielleicht haben Sie ebenfalls die Tendenz, kaum etwas von dem gelten zu lassen, was Sie leisten und geleistet haben. Dann sind Sie in guter Gesellschaft. Es gibt sehr viele Menschen, die sich unzulänglich fühlen und ihre Lebensleistung nicht achten. In der Regel geben sie sich selbst die Schuld, wenn irgendetwas schiefläuft, obwohl auch andere beteiligt sind oder eine Verkettung unglücklicher Umstände zu einem Fehlschlag geführt hat. Manche haben ein so geringes Selbstwertgefühl, dass sie fest davon überzeugt sind, jeder andere Mensch hätte es besser gekonnt als sie. Dabei lassen sie völlig außer Acht, von welcher Ausgangsposition sie in ihr Leben gestartet sind. Bildlich gesprochen haben sie ein schlechtes Kartenblatt auf die Hand bekommen und damit recht gut gespielt, vergleichen sich aber mit einem sprichwörtlichen Sonntagskind, das durchs Leben tanzt. Andere schwanken zwischen extremen Sichtweisen: Einmal machen sie ausschließlich sich selbst verantwortlich, dann wieder sehen sie sich ausschließlich als Opfer widriger Umstände oder übel meinender Mitmenschen. Durch die Hintertüre kommen dann oft auch wieder die alten Vorwürfe gegenüber den Eltern hoch: Sie sind letztlich schuld daran, dass ich so bin, wie ich bin. Hätten sie mich mehr anerkannt und mir mehr zugetraut, würde ich in meinem Leben mehr zuwege bringen und könnte ich mich auch selbst besser würdigen.

Menschen, die sich so negativ einschätzen und sich, bildlich gesprochen, das Etikett »Versager« aufkleben, blockieren ihre

Weiterentwicklung. Vielen ist gar nicht bewusst, wie sehr sie sich damit einengen und schaden. Andere spüren, dass ihre geringe Selbstachtung ihr Lebensgefühl stark beeinträchtigt. Sie wären gerne zufriedener mit sich selbst, wissen aber nicht, wie sie dieses Ziel erreichen sollen.

Unserer Erfahrung nach ist es in der Tat nicht einfach, aber durchaus möglich, die meist seit der Kindheit eingeübte und vertraute Haltung des Sich-Abwertens abzulegen. Eine wirksame Hilfe dazu ist das Ritual der Selbstwürdigung, das wir Ihnen nun beschreiben werden.

Bereiten Sie sich auf das Ritual zunächst mit folgenden drei Fragen vor: Wie war meine Lebenssituation in den letzten Jahren? Was habe ich angesichts der Schwierigkeiten und Herausforderungen gut gemacht? Was war weniger gut? Nehmen Sie sich Zeit, Ihre Gedanken sorgsam aufzuschreiben, und lassen Sie die Geschehnisse der letzten Jahre nochmals auf sich wirken.

Wenn Sie sich Ihre Bilanz danach anschauen, kann es sein, Sie hätten allen Grund, sich zu würdigen. Dennoch blicken Sie, so, wie Sie es Ihnen vertraut ist, eher auf das, was nicht gelungen ist, und können nicht anerkennen, dass Sie »eigentlich« vieles gut gemacht haben. Das kann daran liegen, dass Sie mit einem Maß messen, das Ihnen nicht gerecht wird. Oder Sie tragen sich noch alte Sachen nach, die vorbei sind und vorbei sein dürfen und auch vorbei sein sollten. Konzentrieren Sie sich auf das, was Sie gut gemacht haben, auch wenn es nur Weniges ist. Fassen Sie es für sich in klare Worte. Lassen Sie es gelten, werten Sie es nicht ab. Wenn Ihnen das gelingt, können Sie sich dem eigentlichen Ritual zuwenden.

Das Ritual selbst ist kurz. Positionieren Sie ungestört in einem Raum einen Stuhl und stellen Sie sich vor, Sie würden auf diesem Stuhl sitzen. Machen Sie sich bewusst, was Sie alles gut gemacht haben. Treten Sie vor diesen Stuhl in etwa zwei Meter Abstand und verneigen Sie sich langsam und tief vor dieser Person, die in Gedanken auf dem Stuhl sitzt, also vor sich selbst. Geben Sie sich auf diese Weise selbst die Ehre, mit allem Ernst. Erkennen Sie an, was Sie geleistet haben, ohne sich mit anderen zu vergleichen und ohne gleich wieder Einschränkungen zu machen.

Wenn Sie das Ritual vollziehen konnten und es Ihnen nach Ihrem Empfinden gutgetan hat, dann hat sich bei Ihnen Wesentliches bewegt. Sie sind einen wichtigen Schritt vorangekommen hin zu dem lohnenden Ziel, sich selbst gelten zu lassen und wertzuschätzen. Um mögliche Rückfälle zu minimieren, empfehlen wir Ihnen, dass Sie sich einige Tage lang täglich würdigen und danach immer mal wieder das Ritual in Kurzform wiederholen. Der Einfachheit halber können Sie das Verneigen dann auch vor einem Spiegel vollziehen. Es erfordert jeweils nur ein paar Sekunden und hat dennoch eine tief greifende Wirkung.

Wenn Sie sich selbst achten, gelten lassen, sich annehmen, wie Sie sind, dann brauchen Sie nicht mehr so viel Bestätigung von außen, und das Abgrenzen bei Kritik fällt leichter. Anerkennung durch andere Menschen werden Sie besser annehmen können als bisher: Sie werden sich daran freuen können, statt sie wie gewohnt abzuwehren. Gelassenheit und innerer Abstand werden Ihnen guttun, und manches wird Ihnen nicht mehr so schnell zum Problem werden. Ihr Selbstbewusstsein wird wachsen und es Ihnen erleichtern, mit manchem erwachsener umzugehen.

Das gilt auch und gerade in der Beziehung zu Ihren Eltern. Mit gestärktem Selbstwertgefühl wird es leichter, alte Vorwürfe zu lassen, sich gelassen abzugrenzen, sich nicht für Ihre Eltern verantwortlich zu fühlen, nicht mehr in der Hoffnung auf ihre Anerkennung brav oder tüchtig zu sein sowie ohne schlechtes Gewissen Ihr eigenes Leben zu leben.

Sie werden auch mit größerer Zufriedenheit und mehr Wohlwollen sich selbst gegenüber auf Ihr bisheriges Leben zurückblicken können. Das, was Sie nicht so gut hinbekommen haben, wird an Gewicht verlieren. Es gehört auch dazu, wird Ihr Selbstbild jedoch nicht mehr bestimmen.

Falls Sie die in Teil 2 beschriebenen Rituale bisher noch nicht oder nur zum Teil durchgeführt haben, weil Sie Ihnen als zu große Hürden erschienen, können Sie jetzt, nachdem Sie gelernt haben, sich selbst zu würdigen, mit größerem Selbstbewusstsein vielleicht doch an das eine oder andere herangehen. Prüfen Sie, was Sie noch tun könnten und was Sie tun wollen. Alle vorgeschlagenen Rituale können Sie dem Ziel näherbringen, in inneren Frieden mit der Mutter und in inneren Frieden mit dem Vater zu kommen. Wenn Sie noch viele Hürden vor sich haben, nehmen Sie sie als Herausforderung und als Entwicklungschance. Machen Sie sich auf den Weg. Geht er durch ausgedehnte Wüsten, ist es sinnvoll, Sie holen sich professionelle Unterstützung. Viele Wege sind weniger extrem. Es gibt Neues und Schönes zu entdecken. Planen Sie sich Ihre Wanderungen so, dass Sie sich wohl dabei fühlen und sich nicht überfordern. Wir hoffen, dieses Buch ist für Sie ein guter Wanderführer auch in schwierigem Gelände und auf speziellen Wegabschnitten.

Wenn die Eltern alt und pflegebedürftig werden: Als erwachsenes Kind das tun, was angemessen ist

Unsere Gesellschaft wird immer älter. Immer mehr Menschen brauchen Pflege oder Betreuung. Der Bedarf an Pflegekräften ist so groß, dass er mit einheimischen Kräften gar nicht mehr gedeckt werden kann. Ein großer Prozentsatz an Pflege- und Betreuungsleistungen wurde früher und wird auch heute noch durch Familienangehörige erbracht. Vor allem Töchter und Schwiegertöchter leisten häufig diesen Dienst, nicht selten über viele Jahre. Er kann sehr belastend sein, denn mit alten und kranken Menschen ist nicht immer leicht zurechtzukommen. Selbst wenn die Pflege überwiegend mit Kräften organisiert ist, die nicht zur Familie gehören, oder in einem Heim erfolgt, ist die seelische Belastung manchmal groß. Und wenn das Verhältnis zu der bedürftigen Mutter, zum bedürftigen Vater, zur bedürftigen Schwiegermutter oder zum bedürftigen Schwiegervater sowieso angespannt ist, dann kann so ein Dienst zur Qual werden. Oft geht es ja nicht allein um Krankheit und körperliche Schwäche – häufig kommen zunehmende Unzufriedenheit und Verbitterung hinzu.

So, wie viele erwachsene Kinder nicht versöhnt sind mit dem, was war und wie es war, ist dies auch bei zahlreichen alten Vätern und Müttern der Fall. Gegen Ende ihres Lebens stellen sie im Rückblick fest, Wesentliches versäumt zu haben und es nicht mehr nachholen zu können. Immer wieder kommt Altes in den Blick: Die eigene Kindheit und besonders die Beziehung zu den eigenen Eltern wird lebendig. Was schwer war, wird wieder durchlitten. Die Gedanken kreisen um das, was nicht gut war, und kommen nicht zur Ruhe.

Viele Menschen haben im Alter mit Depressionen zu kämpfen, weil sie sich zu nichts mehr nütze empfinden. Andere werden mit zunehmender Gebrechlichkeit streitsüchtig oder sind ständig unzufrieden. Der alte Vater tyrannisiert seine Ehefrau, oder die alte Mutter macht ihrem Mann durch ständiges Jammern und Nörgeln das Leben schwer. Kaum jemand kommt noch gerne zu Besuch. Viele alte Menschen werden im Gefühl der nachlassenden Kräfte stur und sperren sich gegen sinnvolle Veränderungen oder gegen die nötige Unterstützung, bisweilen mit der Folge, dass sie sich und andere gefährden. Sie können es sich nicht eingestehen, dass sie manches nicht mehr schaffen, und wollen zumindest einen Rest an Selbstbestimmung aufrechterhalten.

Die Eltern so zu erleben und nicht wirklich helfen zu können ist für viele erwachsene Kinder schwer auszuhalten. Die bisher bewährten Abgrenzungsstrategien erweisen sich in der neuen Situation oft als untauglich. Offenheit gegenüber der Mutter oder dem Vater kann angesichts des Übermaßes an Erwartungen und Bedürfnissen in vielen Fällen nicht durchgehalten werden. Oft entsteht eine anstrengende und auch explosive Mischung aus Mitgefühl, Hilflosigkeit und Ärger. Zusätzlich erschwert wird die Lage, wenn es im Geschwisterkreis unterschiedliche Vorstellungen darüber gibt, was zu tun ist und wer für was verantwortlich ist. Angesichts dieser enormen und neuen Herausforderungen kann durchaus auch ein guter eigener Stand ins Wanken geraten.

Wenn die Eltern mehr und mehr auf Unterstützung angewiesen sind, können zudem scheinbar längst überwundene kindliche Gefühle wieder aufsteigen. Die Rollen kehren sich ja in gewisser Weise um: Die Kinder sind groß und stark, die Eltern zunehmend klein und schwach. Da kann es leicht geschehen, dass erwachsene Kinder sich plötzlich wieder über ihre Eltern stellen: Vom Sockel aus, von dem sie schon heruntergestiegen waren, blicken sie wieder auf ihre Eltern herab, je nachdem vorwurfvoll, enttäuscht, abwertend, mitleidig oder insgeheim genervt.

Wenn Sie zum Beispiel als Kind Lasten für Ihre Mutter mitgetragen haben, kann die nun reale Hilflosigkeit Ihrer Mutter dazu führen, dass Sie wieder diesen Helferimpuls verspüren. Vielleicht krempeln Sie dann als Brave Tochter die Ärmel hoch, stürzen sich in die neue, aber irgendwie auch vertraute Aufgabe – und überfordern sich ähnlich wie früher. Oder Sie registrieren zwar diesen Impuls bei sich, wollen aber unter keinen Umständen zurück in Ihre alte Rolle, gehen daher innerlich völlig auf Abstand – und blockieren sich, als erwachsenes Kind das Nötige zu tun. Es kann auch sein, Sie haben als Kind sehr unter Ihrem autoritären und ungerechten Vater gelitten und es unter Mühen geschafft, innerlich Frieden mit ihm zu machen und den für Sie passenden Abstand zu finden. Wenn Sie ihn nun hilfsbedürftig und ohne rechten Lebensmut erleben, stürzt der Gegensatz zu seinem früheren Auftreten Sie möglicherweise in ein Chaos der Gefühle – können Sie der Veränderung trauen, vielleicht sogar noch etwas von Ihrem Vater bekommen, was Sie sich immer schon gewünscht haben? Oder bleiben Sie doch besser auf Abstand, um nicht wieder enttäuscht und verletzt zu werden?

Eine Klientin, deren Mutter nach einem Schlaganfall von jetzt auf gleich pflegedürftig wurde, formulierte spontan ihren Zwiespalt: »Diese Mutter, die immer meine Schwester bevorzugt hat, die mich immer abgewertet hat und an allem, was ich für sie getan habe, herumgemeckert hat – die soll ich jetzt pflegen? Und das zusammen mit meinem Vater, der immer alles besser weiß und dem ich es nie rechtmachen konnte? Eigentlich dachte ich ja, die ›alten Sachen‹ wären wirklich erledigt, und in der Regel bin ich auch gut mit meinen Eltern ausgekommen. Aber das mit der Pflegebedürftigkeit meiner Mutter hat mich kalt erwischt.«

Wir werden oft gefragt: Wie soll ich mit einer dermaßen schwierigen Situation umgehen? Unser grundsätzliche Empfehlung lautet dann: Gehen Sie bewusst in die Erwachsenenposition. Sie sind nicht mehr das kleine Kind von damals, das von den Eltern abhängig ist. Sie sind nicht mehr zum Überleben auf ihre Fürsorge angewiesen. Sie müssen nicht mehr durch Bravsein ihre Liebe erringen, und Sie müssen sich auch nicht mehr trotzig abgrenzen. Spüren Sie den Gefühlen nach, die durch die neuen Anforderungen in Ihnen aufsteigen. Nehmen Sie Ihre eigenen Bedürfnisse ernst und achten Sie darauf, sich nicht zu überfordern. Lassen Sie sich nicht von Ihren Eltern, aber auch nicht von Ärzten, von Geschwistern, Verwandten oder Bekannten zu Verpflichtungen drängen, hinter denen Sie nicht stehen. Machen Sie sich klar, dass Sie in erster Linie Verantwortung für sich selbst und für Ihre Kinder haben. Niemand – auch nicht Ihr Mann oder Ihre Frau – hat das Recht, von Ihnen zu erwarten oder gar zu verlangen, dass Sie ohne Rücksicht auf Ihre eigenen Bedürfnisse und Interessen Ihre Eltern oder Schwiegereltern pflegen oder intensiv betreuen. Sie müssen nicht Ihr gesamtes Leben umkrempeln. Letztlich entscheiden Sie alleine, in welchem Umfang und mit welcher Intensität Sie sich engagieren. Und dann tun Sie das, was Ihnen angemessen erscheint. Nur so kann sich inmitten all des Schweren eine gewisse Gelassenheit entwickeln.

Wenn Sie klar haben, dass Sie ohne schlechtes Gewissen Ihre Entscheidung treffen dürfen, werden Sie möglicherweise feststellen, Sie sind nicht die richtige Person, Betreuung oder Pflege in großem Umfang zu übernehmen, wenn zum Beispiel jemand aus Ihrer Familie zunehmend dement wird. Andererseits, wenn der Druck weg ist, mehr zu »stemmen«, als dem eigenen Gefühl nach möglich ist, geht bisweilen erstaunlich viel. Und oft fühlt sich das erwachsene Kind unerwartet gut dabei.

Vielleicht aber können Sie Ihre Erwachsenenposition trotz allem Bemühen noch nicht wirklich einnehmen. Dann empfehlen wir Ihnen, sich nochmals mit unseren Ausführungen zum Nehmen und Lassen der Eltern zu befassen. Hilfreich kann es auch sein, das Ritual des Verneigens vor Ihrer Mutter oder Ihrem Vater ein weiteres Mal – oder vielleicht auch erstmals – zu vollziehen. Erfahrungsgemäß können Sie auch dadurch mehr Klarheit und Sicherheit gewinnen, dass Sie im Rahmen des Rituals der doppelten Handbewegung für sich formulieren, was Sie bereit sind zu tun und was nicht.

Sofern Sie Ihre Eltern zeit Ihres Lebens als schwierig, unzulänglich oder schlimm erlebt haben, kann es sein, dass die alten Verletzungen Sie einholen und Sie wieder in Ihrer Vorwurfshaltung landen. Machen Sie sich klar, dass Sie sich nur selbst schaden, wenn Sie hinter das zurückfallen, was Sie schon erreicht haben. Schauen Sie auf das Wesentliche, wenn das Leben Ihrer Mutter oder Ihres Vater zu Ende geht. Halten Sie wie in dem Ritual der doppelten Handbewegung eine Hand offen und zugewandt, so gut es geht. In Frieden mit Vater und Mutter zu sein, wenn sie sterben, ist ein hohes Gut und erleichtert Ihr weiteres Leben. Wenn es für Sie nötig ist, setzen Sie ohne Schuldgefühle klare und enge Grenzen. Muten Sie sich nicht zu viel zu an konkreten Belastungen. Es kommt nichts Gutes dabei heraus, wenn Sie sich überfordern.

Vielleicht haben Sie keine Vorwürfe, sondern haben für Vater oder Mutter oder beide mitgetragen. Wenn Sie in Versuchung sind, es erneut zu tun, sollten Sie sich immer wieder klarmachen: So, wie Sie für Ihre Eltern deren jeweiligen Lebensrucksack nicht tragen können, können Sie ihnen auch ihr Schicksal im Zusammenhang mit dem Altwerden und Sterben nicht abnehmen. Wenn Sie es versuchen, machen Sie sich selbst wieder groß und Ihre Eltern klein. Indem Sie Ihren Eltern ihre Bürde zumuten, lassen Sie ihnen ihre Würde. Aus Ihrer Erwachsenenposition heraus können Sie vielleicht Ihrer Mutter sagen: »Ja, Mama, es ist unendlich schwer, und niemand kann es dir abnehmen, ich auch nicht. Aber ich halte es mit dir aus, so gut ich kann.« Oder Sie machen geduldig einen Spaziergang mit Ihrem Vater in seinem Tempo, nicht um ihn in ein Gespräch über wesentliche Dinge zu verwickeln, sondern um ihn einfach spüren zu lassen, dass Sie da sind und er Ihnen wichtig ist und Sie seine Einschränkungen mit ihm aushalten. Dieses Einfach-da-Sein kann für alle Beteiligten sehr entlastend und befriedigend sein.

Falls Sie von Kindheit an sehr nah bei Ihren Eltern oder bei einem Elternteil standen und überwiegend Gefühle der Dankbarkeit Sie begleiten, kann es sein, dass Sie den alt und gebrechlich gewordenen Eltern das zurückgeben möchten, was Sie an Gutem von Ihnen erhalten haben. Dieser Wunsch ist verständlich, doch nur sehr begrenzt »wirklichkeitstauglich«. Das, was Eltern ihren Kindern gegeben haben, ist letztlich so viel, dass Kinder es auf keinen Fall ausgleichen können. Es wäre vermessen, anzunehmen, Sie könnten das leisten, wenn Sie sich nur ausreichend bemühen würden. Allein das Geschenk des Lebens, das durch Ihre Eltern zu Ihnen gekommen ist, ist so groß und einzigartig – da können Sie nichts Entsprechendes zurückgeben. Wenn Sie es versuchen, entsteht unnötiger und für alle unguter Druck.

Wenn es nicht in unserem Vermögen steht und also auch nicht unsere Aufgabe sein kann, uns zu »revanchieren«, wie können wir dann unsere Wertschätzung für all das, was wir empfangen haben, zum Ausdruck bringen? Zum einen gilt es, ganz einfach von Herzen danke zu sagen für all das, was wir bekommen haben. Die meisten Eltern freuen sich darüber, auch wenn sie es oft nicht zeigen können. Gut tut Eltern auch, wenn ihre Lebensleistung ausdrücklich anerkannt wird. Dank und Achtung, das ist gemeint mit »Vater und Mutter ehren« – es ist nicht die Rede davon, dass wir etwas zurückgeben oder uns gar für unsere Eltern aufopfern müssen! Zum anderen geht es darum, das, was wir von unseren Eltern bekommen haben, wie bei einer Kaskade an unsere eigenen Kinder weiterzugeben. Sofern Sie keine eigenen Kinder haben, geben Sie es weiter an Menschen, die nach Ihnen kommen und wie eigene Kinder Unterstützung dabei brauchen, ihr Leben zu meistern. Das Bild der Kaskade verdeutlicht sehr schön, wie wir alle im Fluss des Lebens stehen als Empfangende und als Gebende.

Zur »Abrundung« nun noch einige Erläuterungen, was es unserer Erfahrung nach ganz allgemein zu beachten gilt, wenn die Kräfte der Eltern erkennbar nachlassen: Erwarten Sie nicht, dass Ihre Eltern ihr Verhalten oder ihre Sicht der Dinge im Alter noch grundlegend ändern. Eine Mutter etwa, die ihr Leben lang als Brave Tochter für ihre Lieben gesorgt und tief innen ganz viel von ihnen erwartet hat, wird auch im Alter zugleich fürsorglich-bestimmend und kindlich-bedürftig sein. Das Verhalten kann sich sogar noch verstärken. Sich zu ändern ist harte Arbeit, das wissen Sie selbst, und je älter wir werden, desto mühsamer wird es. Dennoch haben viele erwachsene Kinder insgeheim die Hoffnung, dass ihre Eltern mit den Jahren doch noch einiges begreifen, was sie ihnen schon lange beibringen wollten, oder dass sie endlich bestimmte Dinge anders machen. Im Grunde hoffen sie, dass irgendwann entweder die Altersweisheit durchbricht oder dass durch das Nachlassen der Kräfte der Umgang einfacher wird. Das kann passieren, ist aber nicht die Regel. Erzwingen können Sie es nicht. Wenn Sie es erleben, nehmen Sie es als ein Geschenk und genießen Sie es. In den allermeisten Fällen wird es darum gehen, unter erschwerten Bedingungen nochmals zuzustimmen, dass Ihre Eltern sind, wie sie sind, und zu achten, wie sie mit der Bürde des Alters umgehen.

Seien Sie sich darüber klar, dass Altsein für viele Menschen mit großen Einschränkungen und Belastungen einhergeht. Wir sprechen hier nicht über die »fitten Alten«, sondern über die alten Menschen, die sich als zunehmend gebrechlich, krank, einsam, ins Abseits gerückt, in ihren Möglichkeiten deutlich eingeschränkt, von anderen Menschen abhängig und auf Hilfe angewiesen, von Schmerzen geplagt oder vom herannahenden Tod geängstigt erleben.

Wie ihre alten oder gebrechlichen Eltern sich wirklich fühlen, wissen eher wenige erwachsene Kinder. Denn in vielen Fällen herrscht seit eh und je Sprachlosigkeit zwischen den Generationen, wenn es um Gefühlsangelegenheiten geht. Manchmal wären die Kinder ja offen für Gespräche, aber die Eltern nicht, oder umgekehrt. Kinder, die in einem guten Abstand zu ihren Eltern stehen, können solche Gespräche führen, ohne Angst, ihre Eigenständigkeit durch zu starkes Sich-Einfühlen und Verstehen zu gefährden. Unserer Erfahrung nach lohnt sich der Versuch, über behutsames Nachfragen und durch verständnisvolles Aufgreifen von Äußerungen der Eltern zu begreifen, wie sie ihre Situation erleben. »Wenn ich mal nicht mehr da bin, dann werdet Ihr ja sowieso sofort das Haus verkaufen« – hinter einer solchen Äußerung kann die Angst stehen, selbst »ausrangiert« und schnell vergessen zu werden. Wird die Botschaft von den erwachsenen Kinden verstanden, können sie entsprechend reagieren, wodurch es in vielen Fällen für alle einfacher wird.

Manchmal sind es nur ganz kleine Hinweise, nur Andeutungen, die Gesprächsbereitschaft signalisieren. Wenn Sie mit Ihrem Vater oder Ihrer Mutter wirklich sprechen möchten, sollten Sie diese versteckten Angebote nutzen. Allerdings ist auch zu respektieren, wenn der Vater gar nicht reden will oder die Mutter trotz einfühlsamer Rückmeldungen der Tochter dabei bleibt, dass niemand sie versteht. Manchmal kann jedes Gespräch zu anstrengend oder auch zu schmerzlich sein, oder die entstehende Nähe ist für den Vater oder die Mutter nicht auszuhalten.

Auch wenn die Eltern gebrechlich und hilfsbedürftig werden, ist es wichtig, sie weiter als Eltern zu sehen und zu achten, sie entsprechend zu behandeln und nicht zum bevormundeten, getadelten oder gelobten Kind zu machen. Außenstehende erschrecken bisweilen, in welchem Ton erwachsene Kinder mit ihren Eltern sprechen oder über sie verfügen. Eltern bleiben Eltern, und Kinder bleiben Kinder. Im konkreten Umgang machen oft Nuancen den Unterschied. Eltern spüren in der Regel, ob der angemessene Respekt da ist. Wenn das der Fall ist, kann dies das Miteinander auch unter erschwerten Bedingungen oft um einiges erleichtern.

Wenn die Eltern schon gestorben sind: Es ist nie zu spät

»Mit dem Tod der Eltern wird alles leichter« – diese Hoffnung haben viele Menschen, die das Thema Vater oder/und das Thema Mutter mit sich herumtragen. Viele glauben sogar, das Thema würde sich mit dem Tod von Vater und Mutter komplett erledigen. Was alles war, würde mit den Jahren immer weiter wegrücken, und vor allem das, was nicht gut war, würde zunehmend verblassen und schließlich völlig unwichtig werden. Warum also sollten sie aktiv werden, wenn sich alles durch den natürlichen Lauf der Zeit regeln wird?

Die Wirklichkeit sieht in der Regel anders aus. Natürlich kommt jede Beziehung mit dem Tod eines Menschen äußerlich zu einem Abschluss. Falls das Verhältnis zu Vater und Mutter zuvor durch Auseinandersetzungen oder Erwartungen und Forderungen bestimmt war, bringt der Tod ein Stück weit Entlastung und Ruhe. Wenn Sie in der Situation sind, dass Ihr Vater oder Ihre Mutter oder beide schon gestorben sind, haben Sie das vielleicht selbst so erlebt. Doch vermutlich werden Sie dann auch die andere Erfahrung gemacht haben: Mit dem

Tod der Eltern ist das Elternthema nicht automatisch abgeschlossen. Die innere Auseinandersetzung geht weiter, oft sogar intensiver als zuvor, und das Ungeklärte kann sogar noch stärker lasten als zu Lebzeiten der Eltern.

Wirklich los werde ich die Eltern auch mit ihrem Tode nicht, denn ich bleibe das Kind meiner Eltern über ihren Tod hinaus. Der schon erwähnte Autor Bernhard Schlink lässt seinen Protagonisten in der Erzählung »Nachsaison« zutreffend formulieren: »Als zuerst mein Vater und dann meine Mutter starben, dachte ich, endlich bin ich frei und kann manchen, was ich will. Aber sie sitzen immer noch in meinem Kopf und reden auf mich ein.« Das ist meist nicht leichter, sondern schwerer auszuhalten. Denn aus der Auseinandersetzung mit meinen Eltern wird nach ihrem Tode eine Auseinandersetzung in meinem Inneren, der ich mich nicht entziehen kann, indem ich die Türe hinter mir schließe und gehe.

Ein Weiteres kommt hinzu: Vorwürfe erledigen sich nicht dadurch von alleine, dass der Adressat nicht mehr zur Verfügung steht. Im Gegenteil, manche Kinder erleben den Tod der Eltern so, wie wenn sie sich aus dem Staub gemacht und sie mit einem Berg an unerledigten Anklagen einfach im Stich gelassen hätten. Es ist endgültig nicht mehr möglich, Belastendes mit den Eltern persönlich auszuräumen. »Ich hatte noch so viel mit meinem Vater zu klären, und dann hat er sich kurz nach der Pensionierung einfach mit einem Herzinfarkt verabschiedet«, so brachte ein Klient noch nach Jahren seine Enttäuschung und Entrüstung zum Ausdruck: »Irgendwie gehört sich das nicht. Aber es passt zu ihm, er war zeit seines Lebens nicht erreichbar für mich.«

Der noch nicht vollendete innere Klärungsprozess mit den Eltern und die Abnabelung von ihnen bleiben weiterhin als Lebensaufgaben bestehen, und sie werden durch den Tod nicht automatisch einfacher. Doch es ist möglich, das, was nicht gut zu Ende gegangen ist, doch noch zu einem guten Ende zu bringen. Auch noch nach dem Tod der Eltern können Sie Ihren Frieden mit Ihrem Vater und Ihrer Mutter finden. Je eher Sie drangehen, desto länger können Sie sich an den positiven Auswirkungen freuen.

Den Weg zu diesem lohnenden Ziel kennen Sie schon, wir haben ihn in Teil 2 unseres Buches beschrieben. Auf diese Weise mit schon verstorbenen Eltern in Frieden zu kommen ist ebenso möglich, wie wenn die Eltern noch leben – in beiden Fällen geht es um innere Prozesse. Schauen Sie hin und erkennen Sie an, was war. Blicken Sie sorgsam in den Lebensrucksack Ihres Vaters und/oder Ihrer Mutter. Vollziehen Sie die passenden Rituale. Geben Sie die Vorstellung auf, Sie hätten an der Stelle Ihrer Mutter oder Ihres Vaters alles besser gemacht. Stimmen Sie zu, das Kind gerade dieser Eltern zu sein.

Wenn Sie diese Schritte vollziehen, nachdem Ihr Vater oder Ihre Mutter oder beide schon gestorben sind, ist sogar noch klarer als zu Lebzeiten der Eltern: Das Entscheidende geschieht in Ihrem Inneren. Es ist ein einseitiger Prozess. Sein Gelingen hängt nicht davon ab, wie Ihre Eltern sich verhalten, sondern allein davon, ob Sie es schaffen, Ihre Eltern als Eltern zu nehmen.

Erwachsene Kinder, die in dieser Weise zum Frieden mit ihren verstorbenen Eltern gefunden haben, fühlen sich meistens nicht nur ganz allgemein entlastet. Als zusätzliche Erleichterung erleben es viele, dass sie dem Tod der Eltern endlich innerlich zustimmen können und sich nicht länger als von Vater oder Mutter verlassene, bedürftige Kinder fühlen. Jetzt ist es in Ordnung für sie, dass ihre Eltern nicht mehr leben, dass sie endgültig nichts mehr von ihren Eltern bekommen und mit ihren Vorwürfen und Fragen niemals mehr Gehör finden werden. Sie können es so gut sein lassen, wie es ist. Sie können ihren Eltern ihre Ruhe gönnen und selbst ihre neue Position in der Generationenfolge einnehmen.

Viele werden, nachdem sie mit ihren Eltern ins Reine gekommen sind, von tiefer Trauer erfasst. Manche berichten, sie hätten nun überhaupt erst richtig trauern können. Erstmals konnten sie den Verlust in seiner ganzen Tiefe und Endgültigkeit spüren. Zuvor war wirkliches Trauern verhindert worden. Meist waren unerledigte Vorwürfe und unerfüllte Erwartungen der Grund. Manchmal standen auch Schuldgefühle im Weg, vor allem bezogen auf die Zeit, in der die Eltern zunehmend alt und gebrechlich waren – es wäre mehr an Engagement möglich gewesen, mancher Streit hätte nicht sein müssen, die Pflege hätte doch bis zuletzt daheim geschehen können. »Warum habe ich nur nicht …?« Manche hatten beim Tod von Vater oder Mutter vor allem Erleichterung verspürt, »dass es endlich vorbei war« – wie hätten sie um einen so tyrannischen Vater trauern sollen, der allen nur das Leben schwer gemacht hatte?

Wirkliche Trauer über etwas, das zu Ende gegangen ist, ist die Voraussetzung dafür, dass etwas Neues beginnen kann. Trauer ist häufig von Vorwürfen überdeckt, und Vorwürfe können sogar unbewusst dazu eingesetzt werden, aufkommende Trauer abzuwehren. Wird das Trauern zugelassen, lässt sich meist auch die dahinter verborgene Liebe spüren. Und die Liebe zu den Eltern zu spüren tut auch dem erwachsenen Kind noch gut.

Vielleicht sind Sie schon weitgehend versöhnt mit Ihren Eltern, tun sich aber trotzdem mit einigen Dingen schwer, die unserer Erfahrung nach die Beziehung zwischen »verwaisten« erwachsenen Kindern und ihren verstorbenen Eltern belasten können.

Bei manchen gibt es leidige Erbschaftsangelegenheiten, deren Regelung nicht selten als ungerecht erlebt wird und die Beziehung zu den Eltern nach deren Tod überschatten kann, einmal ganz abgesehen von den Zwistigkeiten im Geschwisterkreis. Wenn es um das Erbe geht, kommen häufig Kindheitsgefühle wieder hoch – wieder ist alles so ungerecht! Wir empfehlen in solchen Fällen, bewusst in die Erwachsenenposition zu gehen. Lassen Sie das außen vor, was es bisher an Ungerechtigkeiten in Ihrem Leben gab. Stellen Sie sich innerlich auf den Standpunkt, dass es Sache Ihrer Eltern ist, was sie mit ihrem Vermögen machen. Das wird Ihnen vielleicht schwerfallen, aber es wird Ihrer Seele guttun. Sie werden eher zur Ruhe kommen, wenn Sie sich die Achtung vor Ihren Eltern nicht durch neue Vorwürfe trüben lassen. Verhalten Sie sich auch gegenüber Ihren Geschwistern erwachsen, indem Sie nicht wieder »alte Sachen« ausgraben. Was Ihre Geschwister tun, liegt nicht in Ihrer Hand. Bringen Sie ihnen Achtung entgegen, soweit es Ihnen möglich ist.

Es kann auch sein, dass Ihnen immer noch nachgeht, wie Ihre Eltern die letzte Zeit ihres Lebens verbracht haben oder wie sie gestorben sind. Vielleicht hadern Sie damit, dass Sie nicht da sein konnten, als es mit Ihrem Vater zu Ende ging, oder es tut Ihnen so leid, dass Ihre Mutter in den letzten Wochen vor ihrem Tod so viel geweint hat und Sie es nicht geschafft haben, sie zu beruhigen. Auch hier empfehlen wir, bewusst in Ihre Erwachsenenposition zu gehen. Von diesem Stand aus können Sie, ohne ins Mitleiden und Mittragen zu rutschen, hinschauen auf das Schwere, das Ihr Vater oder Ihre Mutter am Ende ihres Lebens auszuhalten hatte. Respektieren Sie, dass Ihr Vater sein Sterben möglicherweise lieber alleine vollenden wollte, oder dass Ihre Mutter für sich entschieden hat, Sie als Tochter oder Sohn nicht in ihren Kummer oder Schmerz einzubeziehen, so wie sie Ihnen vielleicht auch sonst nicht viel Einblick in ihr Inneres gegeben hat. Verneigen Sie sich innerlich vor der Art und Weise, wie Ihr Vater oder Ihre Mutter speziell am Ende ihres Lebens ihr jeweiliges Schweres getragen haben. Würdigen Sie auch sich selber für das, was Sie Ihren Eltern noch geben konnten, auch wenn Sie es im Rückblick als unzureichend erleben. Sie haben es so gemacht, wie es Ihnen möglich war und wie Sie es für richtig hielten, und das sollten Sie ohne Wenn und Aber anerkennen.

Vielleicht finden Sie sich wieder in dem, was wir beschrieben haben, an welchem Punkt auch immer. Wir möchten Sie ermutigen, das in Ihrer Situation Nötige zu tun. Gestatten Sie sich, die Trauer um Ihre Eltern nachzuholen, auch wenn sie schon vor langer Zeit verstorben sind. Sie müssen sich vor niemandem dafür rechtfertigen. Sie können zuvor auch das eine oder andere Ritual nochmals oder erstmals vollziehen. Prüfen Sie auch hier wieder, was für Sie »dran« ist und passt.

Alle diese Schritte können Sie auch in fortgeschrittenem Alter noch vollziehen. Dazu ist es nie zu spät. Möglicherweise empfinden Sie wie viele Menschen die Vorstellung als belastend, zu sterben, ohne mit den Eltern versöhnt zu sein. Und doch zögern Sie, sich auf den Weg zu machen. Haben Sie vielleicht das Gefühl, nach so vielen Jahrzehnten des Kämpfens und Leidens nun doch noch »klein beigeben« zu sollen? Das wäre ein falscher Stolz. Am eigenen Lebensende versöhnt mit den Eltern zu sein bedeutet Seelenfrieden und ist das höhere Gut. Wenn Sie sich mit all Ihrer Lebenserfahrung klarmachen, was wirklich wichtig und wesentlich im Leben ist, und sich dann entschieden darauf konzentrieren, werden Sie sich die Chance vermutlich nicht entgehen lassen, doch noch in Frieden mit Ihrem Vater und Ihrer Mutter zu kommen.

Wenn der Vater oder die Mutter ganz oder weitgehend gefehlt hat: Den Trauerprozess nachholen und zu Ende bringen

Immer wieder sind wir betroffen, wenn wir bei unserer Arbeit erfahren, wie viele Menschen aus allen Altersgruppen als Kind ihren leiblichen Vater oder ihre leibliche Mutter nicht oder nur für kurze Zeit hatten. Sie haben ihre Mutter oder ihren Vater im Laufe ihrer Kindheit verloren, sie kennen ihren Vater überhaupt nicht, oder ihre Mutter ist bei ihrer Geburt gestorben. In der älteren Generation wuchsen bedingt durch den Zweiten Weltkrieg zahlreiche Kinder als Halbwaisen auf. Zu allen Zeiten starben Väter und Mütter bei Verkehrsunfällen und anderen Unglücksfällen, an Krebserkrankungen und Herzinfarkten, durch Suizid oder Gewalt. Groß ist auch die Zahl der Scheidungskinder, bei denen oft kurz nach der Trennung der Eltern der Kontakt zu dem getrennt lebenden Elternteil abriss. In allen Generationen gibt es Menschen, die ihren leiblichen Vater nie kennengelernt haben und zum Teil noch nicht einmal wissen, wer ihr Vater ist und wie er heißt.

Die Art und Weise, wie die Betroffenen ihr Schicksal bewerten und damit umgehen, ist sehr unterschiedlich. Viele berichten recht gelassen und sachlich über die schlimmen Ereignisse von damals – sie liegen ja lange zurück, das Leben ist weitergegangen, zwar etwas anders, als wenn sie beide Eltern gehabt hätten, doch es war auch so in Ordnung. Andere hadern auch noch nach Jahrzehnten. Ihr ganzes Leben ist davon überschattet, dass sie ohne ihren Vater oder ohne ihre Mutter aufgewachsen sind.

Unserer Erfahrung nach hängt es nicht in erster Linie von der Schwere des individuellen Schicksals ab, ob der frühe Verlust eines Elternteils oder sein völliges Fehlen als lebenslange Last empfunden wird. Andere Faktoren sind mindestens ebenso wichtig, aber zum Glück nicht so unabänderlich wie die harten Fakten der Lebensgeschichte. Deshalb besteht die Chance, diese Last auch nach vielen Jahren noch loszuwerden. Um welche Faktoren handelt es sich?

Zunächst fällt auf: Die meisten von denen, die mit sich und ihrer Lebensgeschichte in Einklang sind, haben ein positives inneres Bild von dem Elternteil, den sie nicht hatten; er hat einen guten Platz in ihrem Herzen, und sie können ihn in Frieden leben oder tot sein lassen. Die verwitwete Mutter hatte immer gut über den gefallenen Vater gesprochen, ohne ihn zu idealisieren, und er behielt seinen Platz in der Familie als leiblicher Vater der Kinder und erster Mann der Mutter, nachdem diese wieder geheiratet hatte. Oder der von seiner Frau verlassene Vater hatte seinen Kindern gegenüber immer wieder betont, dass diese jahrelang als gute Mutter für sie gesorgt hatte, auch wenn sie irgendwann mit einem neuen Partner weit weggezogen war. Und die Mutter hatte immer mit Liebe von dem amerikanischen Soldaten erzählt, der zurück in die Staaten zu seiner dortigen Familie gegangen war, bevor sein Sohn in Deutschland geboren wurde.

Der andere Faktor ist noch wichtiger: Die Menschen, die den Verlust von Mutter oder Vater ohne Dauerbelastung verkraftet haben, konnten als Kinder angemessen trauern. Sie wurden in ihrem Schmerz gesehen, ernst genommen, aufgefangen und begleitet von einem oder mehreren verlässlichen Erwachsenen. Sie mussten nicht möglichst schnell wieder fröhlich sein, durften von der toten Mutter oder dem aus ihrem Leben verschwundenen Vater sprechen, wann immer ihnen danach war, durften auch mal wütend sein über den Verlust. Statt auf Dauer von einer unbestimmten Traurigkeit erfüllt zu bleiben, konnten sie intensiv ihren Schmerz leben und ihn dann allmählich hinter sich lassen.

Doch längst nicht alle Kinder hatten dermaßen unterstützende Rahmenbedingungen. Wenn beispielsweise die Lebensumstände so hart waren wie nach dem Zweiten Weltkrieg, blieb für Trauer ganz allgemein und speziell für die Trauer von Kindern wenig Zeit und Raum. Vielleicht erinnern Sie sich an die Kapitel in Teil 2, in denen wir auf diese Zeit ausführlicher eingegangen sind. Nicht Trauern war angesagt, sondern Funktionieren und Nach-vorne-Blicken. Dazu gehörte zum Beispiel auch, die neue Ehe der Mutter nicht mit Erinnerungen an den leiblichen Vater zu »belasten« – gut, dass es mit dem Stiefvater überhaupt wieder einen Ernährer in der Familie gab.

In vielen anderen Fällen konnten Kinder deshalb nicht angemessen trauern, weil es keine dazu nötige stabile Bezugsperson gab. Wenn die Mutter schließlich ihrer schweren Krebserkrankung erlag oder der Vater mit dem Motorrad tödlich verunglückte, waren der Vater beziehungsweise die Mutter oft selbst so in ihrem Schmerz gefangen oder von der neuen Situation überfordert, dass sie ihren Kindern nicht oder nur unzureichend Halt geben konnten. Viele waren auch der Überzeugung, es sei besser für die Kinder, wenn sie das Schlimme möglichst schnell vergessen würden – je weniger darüber gesprochen würde, desto besser.

Sehr kompliziert und ebenfalls nur begrenzt möglich war das Trauern für Kinder, deren Eltern sich getrennt hatten. Für manche von ihnen war der erlittene Verlust sogar so heftig und bedrohlich, dass sie die damit verbundenen schmerzlichen Gefühle abspalteten. Scheinbar steckten sie das Schlimme weg, in Wirklichkeit waren sie von ihren Gefühlen abgeschnitten. Dadurch war Trauern unmöglich.

Viele erwachsene Scheidungskinder erinnern sich an Gewissenskonflikte: Sie litten sehr darunter, dass der Papa weg war, aber wenn die Mama, bei der sie geblieben waren, so sauer auf ihn war, weil er nicht zahlte – wie sollten sie da um ihn ohne schlechtes Gewissen weinen? Oder in einem anderen Fall: War es wirklich angemessen, um die Mutter zu trauern, obwohl sie die Familie wegen einem anderen Mann im Stich gelassen hatte und der Vater immer wieder betonte, wie froh er sei, dass die Mutter nun weg war, er hätte sie nie heiraten sollen?

Viele Kinder hatten im Inneren durchaus gemischte Gefühle bei der Scheidung ihrer Eltern: Außer Traurigkeit und Verlassenheitsgefühlen gab es Gefühle von Wut, manchmal auch von Erleichterung. Wut ist oft ein Ersatzgefühl für Trauer. Meistens ist Wut leichter zu ertragen als Trauer, deshalb wird sie bisweilen auch unbewusst festgehalten, um die dahinter liegende tiefe Trauer nicht zu spüren. Solange ich wütend bin auf den Vater, der mich im Stich gelassen hat, muss ich mich nicht meinem Schmerz stellen. Ähnlich verhält es sich, wenn ich betone, wie erleichtert ich bin, dass der gewalttätige Vater endlich weg ist. Auch dann muss ich meinen Schmerz nicht spüren. Anders formuliert halfen diese vorgelagerten Gefühle den betroffenen Kindern dabei, etwas Unerträgliches aushaltbar zu machen. Zugleich verhinderten sie aber wirkliches Trauern.

Wenn Trauer, aus welchem Grund auch immer, nicht ausreichend stattfinden kann, behindert das die Lebendigkeit eines Menschen. Depressionen können hier ihre Wurzel haben ebenso wie Schwierigkeiten im Bemühen, als Mann oder Frau einen festen eigenen Stand im Leben einzunehmen. Fehlende, unterdrückte oder stecken gebliebene Trauer aus der Kindheit kann wie »Leichengift« wirken, so der Trauerforscher Jorgos Canacakis. Zudem kann sie sich im Erwachsenenalter heftig bemerkbar machen, wenn es aktuelle Anlässe zum Trauern gibt, etwa wenn eine Ehe scheitert oder einer der Partner stirbt. Dann kann akute Trauer durch alte Trauer überlagert werden, und es kommt zu einem Verhalten wie bei einem Kind, das Mutter oder Vater verloren hat.

Viel zu wenig bekannt ist, dass das völlige Fehlen des leiblichen Vaters ebenfalls solche Auswirkungen haben kann: Die Verbindung zu einem Teil der eigenen Wurzeln ist unterbrochen, Lebenskraft und Lebensfreude sind häufig beeinträchtigt, der eigene Stand im Leben ist erschwert.

Vielleicht können Sie sich, sofern Sie selbst ganz oder weitgehend ohne Mutter oder Vater aufgewachsen sind, in dem wiederfinden, was wir bisher erläutert haben. In diesem Fall schlagen wir Ihnen vor, dass Sie Ihren ganz persönlichen Trauerprozess nachholen und zu einem guten Ende bringen. Sie können das auf unterschiedliche Art und Weise tun, wir werden Ihnen dazu einige Vorschläge machen. Wichtig ist in jedem Fall, egal welche Form Sie wählen, dass Sie sich Ihrem Schmerz wirklich aussetzen. Sie wissen ja, Sie sind nicht mehr das schwache Kind von damals, sondern ein erwachsener Mensch, und als solcher werden Sie den Schmerz aushalten können. Nehmen Sie also jeweils bewusst Ihre Erwachsenenposition ein, wenn Sie an die Arbeit gehen.

Unser erster Vorschlag ist, dass Sie sich noch einmal in aller Ruhe jener Zeit in Ihrem Leben zuwenden, in der Sie den Verlust erlitten haben. Spüren Sie achtsam dem nach, wie es Ihnen damals gegangen ist. Wenn Sie schildern sollten, was Sie damals durchlebt haben, was würden Sie erzählen? Gab es einen Menschen, der Sie durch die schwere Zeit geleitet und Ihnen Halt gegeben hat? Oder sind Sie früh »groß« geworden und haben andere getröstet? Vielleicht sind Sie auch der »Sonnenschein« der trauernden Familie geworden, oder Sie haben sich der trostlosen häuslichen Atmosphäre entzogen, indem sie früh eigene Wege gegangen sind. Haben Sie den Eindruck, Sie haben damals ausreichend getrauert? Konnten Sie das Schwere überhaupt an sich heranlassen, oder haben Sie es möglichst locker überspielt? Vielleicht haben Sie sich ja »cool« gegeben, sich gegen alle Gefühle abgeschottet und sich entschieden, den fehlenden Elternteil gar nicht zu brauchen. Möglicherweise waren Sie damals auch oder sogar überwiegend erleichtert – auch das darf sein. Oder Sie waren wütend – das ist eine ganz normale und gesunde Reaktion für Kinder, die sich allein gelassen fühlen. Auf wen waren Sie gegebenenfalls wütend, worüber waren Sie erleichtert? Hatten Sie mit Schuldgefühlen zu kämpfen, und wenn ja, worum ging es dabei? Lassen Sie alles auf sich wirken, was Ihnen durch Kopf und Herz geht.

Fassen Sie das Ergebnis Ihrer Bestandsaufnahme für sich in Sätze. Was gibt es noch zu sagen zu dem Elternteil, bei dem Sie groß geworden sind? Was möchten Sie aus Ihrer Erwachsenensicht dem Elternteil sagen, den Sie nicht oder nur kurz gehabt haben? Wie bei einigen Ritualen beschrieben, können Sie sich nun Ihren Vater und Ihre Mutter vorstellen und Ihnen das sagen, was Ihnen heute wichtig ist. Wenn Sie das ernsthaft und konzentriert machen, werden Sie dabei wahrscheinlich ins Gefühl kommen. Lassen Sie die Trauer zu und spüren Sie, dass dahinter ein noch tieferes Gefühl liegt, nämlich die Liebe zu dem so schmerzlich vermissten Elternteil. Wenn es Ihrem Empfinden nach mit der Trauer reicht und Sie vielleicht sogar Ihre Liebe gespürt haben, beenden Sie die Imagination und kommen ins Hier und Jetzt zurück.

Ein anderer Vorschlag geht dahin, dass Sie mit Hilfe eines Fotos, einer Puppe oder eines Kuscheltiers aus Ihrer Kindheit den Trauerprozess nachholen. Alternativ dazu können Sie auch an einen Ort gehen, an dem Sie sich in Ihrer Kindheit gerne aufgehalten haben. Nehmen Sie sich Zeit, sich einzufühlen, wie es damals war. Registrieren Sie bewusst, welche Gefühle in Ihnen aufsteigen, wenn Sie an früher denken, und lassen Sie alle zu. Manche kennen Sie vielleicht gut, andere weniger oder gar nicht. Manche haben vielleicht über Jahrzehnte geschlummert oder sind lange von Ihnen in Schach gehalten worden und trauen sich jetzt, da Sie erwachsen sind, erstmals ans Licht. Den Gefühlen, die Sie erstmals registrieren, widmen Sie besondere Aufmerksamkeit. Sie bedeuten etwas Neues und damit einen Schritt voran. Die alt vertrauten Gefühle, die Sie bemerken, verabschieden Sie am besten möglichst zügig – wenn Sie immer schon wütend waren, bringt die Wut Sie nicht voran, sie hindert Sie nur am Trauern. Sie sollten dann zielstrebig zu der dahinter verborgenen Trauer durchdringen. Wenn Sie Ihre Wut aber bisher verdrängt haben, ist es wichtig und ein Entwicklungsschritt, wenn sie jetzt zum Vorschein kommen darf. Dann widmen Sie Ihr eine Weile Ihre Aufmerksamkeit. Wenn sie Ihrem Empfinden nach bereit ist, sich wieder zurückzuziehen, gehen Sie weiter zur Trauer. Nehmen Sie sich reichlich Zeit und prüfen Sie nach einer Weile, ob Sie auch die Liebe spüren können, die hinter der Trauer liegt. In Ihrem eigenen Tempo kommen Sie, wenn es für Sie passt, in das Hier und Jetzt zurück.

In manchen Fällen lässt sich der Trauerprozess auch gut mit ganz praktischen Schritten nachholen. Vielleicht machen Sie den immer wieder aufgeschobener Besuch am Grab des Vaters oder am Grab der Mutter. Vielleicht finden Sie doch noch heraus, wo der unbekannte leibliche Vater wohnt, und nehmen nach Jahrzehnten Kontakt mit ihm auf; falls er schon gestorben ist, finden Sie heraus, wo er begraben liegt, und holen den Trauerprozess an seinem Grab nach. Vielleicht springen Sie endlich über Ihren Schatten und schreiben Ihrem Vater, zu dem Sie seit der Scheidung Ihrer Eltern keine Verbindung mehr hatten. Oder Sie nehmen allen Mut zusammen und fahren zum ersten Mal an den Ort, an dem Ihre Mutter den tödlichen Autounfall hatte. Wenn Sie der Realität ins Auge sehen, kann der Trauerprozess sehr heftig verlaufen, aber auch besonders heilsam sein.

Die befreiende Wirkung von Trauerarbeit haben schon viele Menschen erfahren. Auch Menschen, bei denen der leibliche Vater ganz fehlte, können es als erleichternden Abschluss ihrer inneren Suche empfinden, wenn sie die Trauer um das aufsteigen lassen, was sie nie hatten. Als aktiver, kraftvoller Prozess kann Trauerarbeit herausführen aus einer lähmenden, nicht recht fassbaren Traurigkeit. Ersatzgefühle werden überflüssig, versteckte oder unterbrochene Liebe kann wieder fließen, das Leben fühlt sich leichter an.

Wenn ich nicht bei den leiblichen Eltern aufgewachsen bin: Mit zwei Familien leben

Jeder Mensch entwickelt schon im Mutterleib eine tiefe Bindung zur Mutter, und später auch zum Vater. Diese Bindung an die Eltern ist eine starke Kraft. Jeder Mensch hat den Wunsch, sie zu beiden Eltern hin in einer guten Weise zu spüren. Wird die Beziehung zu den leiblichen Eltern äußerlich unterbrochen, was der Fall ist, wenn Kinder nicht bei ihren leiblichen Eltern aufwachsen können, ist dies eine besondere Belastung.

Als Folge des Krieges gab es in der Zeit danach eine große Zahl von Kinderheimen. Wie leidvoll der Start ins Leben für nicht wenige der Heimkinder war, das kommt erst seit den letzten Jahren im Zusammenhang mit vielen Fällen von Gewalt und von Missbrauch an die Öffentlichkeit. Oft war es ein schweres Schicksal, im Heim aufwachsen zu müssen.

Häufig wurden Heimkinder an Ehepaare vermittelt, die ein Kind adoptieren wollten. Die Adoption geschah oft in bester Absicht, manches wurde besser, doch viele dieser Kinder hatten große Schwierigkeiten und machten große Schwierigkeiten. Später wurden vermehrt Kinder adoptiert, die aus ärmsten Verhältnissen aus dem Ausland kamen. Auch wenn ihr neues

Zuhause ihnen deutlich bessere Lebensbedingungen bot, ging es ihnen dadurch nicht automatisch gut. Für Kinder, die aus sozialen Gründen eine Fremdbetreuung brauchten, gab es in den letzten Jahrzehnten zunehmend die Unterbringung in Pflegefamilien und in vielerlei stationären Einrichtungen.

Was wir bei unserer eigenen Arbeit immer wieder sehen konnten, fanden wir bestätigt in einem 2011 erschienenen berührenden Buch der Sozialpädagogin und Familientherapeutin Enamaria Weber-Boch. Unter dem Titel »Mit zwei Familien leben« veröffentlicht sie die Erfahrungen aus ihrer langjährigen Arbeit mit Kindern und Jugendlichen, die aus ihren Familien herausgenommen werden mussten, weil dort ihre Entwicklung stark gefährdet war.

Frau Weber-Boch weist einleitend darauf hin, dass auch heute noch weit über hunderttausend Kinder von Fremdbetreuung in unterschiedlichen Formen betroffen sind, und stellt fest: »Manche der Kinder haben Kontakt zu ihren Eltern und manche nicht. Alle gemeinsam haben das Schicksal, nicht bei den leiblichen Eltern aufwachsen zu können. Dahinter verbergen sich oftmals leidvolle, gefahrvolle und traumatische Erfahrungen und Erlebnisse, die jedoch trotz allem einhergehen mit der Sehnsucht der Kinder nach den Eltern, die sie im Alltag nicht haben können. Haben Kinder und Jugendliche während ihrer Unterbringung in einer sozialen Familie keinen Kontakt zu ihren Eltern, so beginnen die meisten von ihnen in der Pubertät, spätestens aber als Erwachsene, nach ihren Eltern zu suchen. Sie machen sich auf den Weg, die Eltern kennen zu lernen, denn sie wollen ihre Geschichte verstehen und wissen, woher sie kommen und wer sie sind.«

Anhand vieler Fallbeispiele beschreibt Frau Weber-Boch sehr einfühlsam und nachvollziehbar, wie Kinder und Jugendliche es erleben, wenn sie aus ihrer angestammten Familie herausgenommen werden. Beispielsweise geben viele sich selbst die Schuld daran, dass sie nicht bei den Eltern bleiben konnten, oder sie sind der Meinung, ihren Vater oder ihre Mutter im Stich gelassen zu haben. Über angeleitete Kontakte mit den leiblichen Eltern, denen die begleitenden Erwachsenen viel Respekt entgegenbringen, wird die äußerlich unterbrochene, innerlich aber weiter bestehende Beziehung zwischen dem Kind und seinen Eltern als bedeutsam herausgestellt und gepflegt, um sie so weit wie möglich zu festigen. Das tut der Seele der Kinder ganz offensichtlich gut. So lernen diese Kinder und Jugendlichen schon frühzeitig, was viele Erwachsene, die ihre Eltern nicht hatten oder die bei ihren Eltern nie richtig Kind sein konnten, noch als Aufgabe vor sich haben: Sie lernen, ihren Vater und ihre Mutter gelten zu lassen und auch sich selbst zu würdigen. Sie lernen, von ihren Eltern das zu nehmen, was diese ihnen geben konnten, Vorwürfe zu lassen und das Mittragen abzubauen. Das heißt, sie werden dabei unterstützt, ihre Eltern als Eltern zu nehmen und sich dann mit den Eltern im Rücken ihrem eigenen Leben zuzuwenden.

»Mit zwei Familien leben«, damit wird zum einen die äußere Lebenssituation dieser jungen Menschen beschrieben, die außer ihren leiblichen Eltern Pflegeeltern haben. Zum anderen stehen sie vor der inneren Herausforderung, beide Familien innerlich gelten zu lassen und gleichermaßen ihre leiblichen und ihre sozialen Eltern als Eltern zu nehmen. Wenn sie diese Herausforderung bewältigen, haben sie die Chance, trotz schwieriger Startbedingungen ihr Leben gut zu meistern.

Diese Botschaft zu hören und ernst zu nehmen ist auch für Erwachsene hilfreich, die mit mehr oder weniger Kontakt zu ihren leiblichen Eltern in Pflegeverhältnissen gelebt haben. Das gilt auch und speziell für die Erwachsenen, die gar keine Verbindung zu ihrer Herkunftsfamilie hatten, also für adoptierte Kinder sowie für Heimkinder im klassischen Sinn, bei denen die Bezugspersonen in der Regel häufig wechselten. Innerlich müssen auch sie ihre leiblichen Eltern gelten lassen und mit zwei Familien leben. Wenn sie ohne Verbindung zu ihren leiblichen Eltern aufgewachsen sind, haben sehr viele, wie schon erwähnt, spätestens ab der Pubertät das Thema, wohin sie gehören und wie sie ihren Platz und einen guten Stand im Leben finden können. Sie machen sich auf die Suche nach den eigenen Wurzeln, oft mit sehr gemischten Gefühlen, mit Angst vor dem, was sie erwartet, mit Vorbehalten und Wut, aber auch voll Hoffnung und Sehnsucht.

Vielleicht gehören Sie selbst zu den Betroffenen, die auf ihrem Lebensweg schwere Steine mit sich herumschleppen, auf deren Unterseite in großen Buchstaben die Worte Vater und Mutter stehen. Dann ahnen Sie vermutlich schon, was wir Ihnen ans Herz legen: Machen Sie sich von dem Punkt aus, an dem Sie jetzt stehen, auf den Weg zu Ihren leiblichen Eltern, sofern Sie dies bisher noch nicht getan haben. Das kann sehr mühsam und schmerzhaft sein, wir wollen da nichts beschönigen. Doch Sie können viel dabei gewinnen.

Um in innere Verbindung und letztlich in Frieden mit Ihren leiblichen Eltern zu kommen, können Sie alle Instrumente einsetzen, die Sie bisher kennengelernt haben. Prüfen Sie für sich, was Ihnen Ihrem Empfinden nach guttun könnte und Sie weiterbringt, und machen Sie sich in dem für Sie passenden Tempo auf den Weg. Manchmal sind äußere Schritte sinnvoll, als Ergänzung zu dem zentralen inneren Annäherungsprozess. Die Hinwendung kann sich aber auch vollständig in Ihrem Inneren vollziehen, wie es sowieso der Fall sein muss, falls die Eltern schon verstorben oder nicht bekannt sind. Wir wissen allerdings auch von Fällen, wo es entgegen der ursprünglichen Annahme doch noch möglich war, die leiblichen Eltern ausfindig zu machen. Deshalb: Geben Sie nicht zu früh auf. Auch wenn das Ergebnis Ihrer Bemühungen Sie nicht wirklich befriedigt, so haben Sie vielleicht doch einige Mosaiksteine gefunden. Außerdem kann die innere Suche leichter zum Abschluss kommen, wenn Sie von sich aus getan haben, was Sie konnten. Es wird Ihnen helfen, gegebenenfalls Ihrem Schicksal zuzustimmen, dass Sie nur sehr wenig oder gar nichts über Ihre Eltern wissen und auch kaum mehr etwas in Erfahrung bringen konnten.

In machen Fällen sind auch noch Schritte bezogen auf die Adoptiv- oder Pflegeeltern nötig, um sich dem eigenen erwachsenen Leben voll zuwenden zu können. Auch gegenüber den sozialen Eltern ist es nötig, das Nehmen und das Lassen zu vollziehen, zu danken und Abstand zu nehmen. Wenn es dann noch gelingt, sie auf einem inneren Bild friedlich neben den leiblichen Eltern stehen zu sehen, auch wenn es in Wirklichkeit ganz anders war, wird eine große Kraft spürbar. Eine unserer Klientinnen, der dies gelungen war, lehnte sich innerlich an alle an und formulierte nach einer Weile des Genießens strahlend: »Ich habe jetzt vier Eltern, und von allen nehme ich, was gut war! Und demnächst werde ich heiraten!«

Wenn ich immer wieder in Altes zurückfalle: In die eigene Kraft gehen

Auch wenn Sie schon viel an der Beziehung zu Ihrem Vater und Ihrer Mutter gearbeitet haben, kann es sein, dass Sie sich doch noch nicht richtig erwachsen fühlen. Vielleicht ist es auch so, dass Sie sich in manchen Situationen nicht so souverän gegenüber Ihren Eltern verhalten können, wie Sie das möchten. Es kann Phasen geben, in denen Verletzungen aus der Kindheit unversehens wieder heftig schmerzen oder längst vergessene Vorwürfe plötzlich lebendig werden: Wieder fühlen Sie sich als Opfer oder stellen fest, Sie tragen immer noch an der Last des Vaters mit oder an dem Kummer der Mutter. Scheinbar aus heiterem Himmel brechen alte Konflikte auf, und Sie würden am liebsten wie früher das Weite suchen.

Wenn Altes erneut hochkommt, kann dies durch das Verhalten der Eltern ausgelöst sein. Weil Ihr Vater oder Ihre Mutter Sie so behandeln, wie Sie das von früher kennen, geraten Sie selbst wieder in Ihre »eigentlich« überwundenen kindlichen Gefühle. Es kann aber auch sein, dass Sie sich unabhängig vom Verhalten Ihrer Eltern wieder wie das Kind von früher fühlen, sogar wenn Ihre Eltern schon verstorben sind. In diesem Kapitel möchten wir Sie dabei unterstützen, die Ursachen für solche »Rückfälle« in Altes herauszufinden, und Ihnen Strategien aufzeigen, mit denen Sie gegensteuern können. Immer wird es dabei wichtig sein, dass Sie in Ihre eigene Kraft gehen, die Sie schließlich auch dann weiterhin besitzen, wenn Sie sich wieder einmal eher kraftlos fühlen.

Zunächst nochmals die Feststellung, die wir bereits im Kapitel »Erwachsenwerden ist schwer« gemacht haben: Niemand kann sich in jeder Situation rundherum erwachsen verhalten. Ausrutscher sind normal. Sie sollten sie nicht überbewerten und Geduld mit sich selbst aufbringen. Schauen Sie auf das, was Sie bisher geschafft haben. Vermutlich haben Sie allen Grund, stolz auf sich zu sein, vor allem, wenn Sie dabei berücksichtigen, von welchen Ausgangsbedingungen Sie auf Ihren Weg gestartet sind. Schwierige Ausgangsbedingungen sind als Ursache für Schwankungen im Erwachsenenalter weit verbreitet. Bei vielen Menschen gab es während der Kindheit so heftige Verletzungen der Kinderseele, dass diese noch nach Jahrzehnten nicht völlig verheilt sind. Sobald nur ein ganz klein wenig an ihnen gerührt wird, brechen die alten Wunden wieder auf, oder die Narben tun weh.

Ein Kind, das tief verletzt worden ist, braucht viel Zeit und auch viel Schutz und Pflege, um das Alte wirklich hinter sich zu lassen. In der Psychologie wird unter anderem von einem Kind-Ich und einem Erwachsenen-Ich gesprochen. Darunter ist Folgendes zu verstehen: Wir haben als Erwachsene das in uns, was uns in der Kindheit zu dem Kind von damals gemacht hat, und wir haben dieses Kind von damals mitgenommen in unsere Erwachsenenwelt. Es ist und bleibt, auch wenn wir äußerlich erwachsen sind, ein Teil von uns, der sich immer wieder Gehör verschafft und unsere Empfindungen bestimmt. Dieses Kind in uns wird ein Leben lang zu uns gehören. Wir können mit ihm sprechen und dafür Sorge tragen, dass es ihm gut geht. Bekam es zum Beispiel in schlimmer Weise Gewalt zu spüren, können wir es trösten und in Gedanken schützend in die Arme nehmen.

Vielleicht haben Sie ein solches tief verletztes Kind in sich, das eine Unterstützung benötigt. Gehen Sie in Ihr Erwachsenen-Ich und spüren Sie nach, wie das Kind in Ihnen sich gefühlt hat, was sein Leben belastet hat und was es gebraucht hätte, um glücklich zu sein. Geben Sie diesem Kind gute Gefühle, Pflege, Liebe, eben das, was ihm gefehlt hat. Lassen Sie es nicht zu, dass Sie in Schmerz oder Bitterkeit versinken, sondern bringen Sie Ihrem inneren Kind aus Ihrer jetzigen Erwachsenenposition heraus Mitgefühl und Wohlwollen entgegen. Dann wird das belastete Kind in Ihnen entlastet sein und aufblühen.

Es wäre hilfreich, wenn Sie eine Erinnerung oder ein Foto aus Ihrer Kindheit finden würden, das gute Gefühle in Ihnen auslöst, zum Beispiel von einer Oma, die in liebevoller Weise für Sie da war. Dieses positive Gefühl aus der Kindheit können Sie bei Bedarf herholen und als Ressource einsetzen. Immer wenn das verletzte Kind in Ihnen nach Halt und Geborgenheit sucht, können Sie mit dem positiven Bild oder der positiven Erinnerung das verletzte Kind wie mit einer wärmenden Decke umhüllen. Geben Sie ihm immer wieder diesen Halt und diese wärmende Zuwendung, die es damals leider nicht oder nicht ausreichend bekommen hat.

Wenn Ihr Erwachsenen-Ich die Pflege dieses verletzten Kindes in Ihnen übernimmt und gut auf es aufpasst, wird ihm dies helfen, immer seltener zurückzublicken. Das schlimme Geschehen von damals kann zur Ruhe kommen, die Verletzungen können heilen. Wenn Ihr inneres Kind endlich das bekommt, was es zum Gedeihen braucht, wird es seelisch stabil werden, und es wird ihm gut gehen. Das mag alles ein wenig wie in einem Märchen klingen. Doch die Methode, die wir hier beschrieben haben, ist bewährt. Sie können sie ohne Gefahr selbst anwenden.

Dass Sie immer wieder in Altes zurückfallen, kann auch mit versteckten Gefühlen von Enttäuschung, Wut und Hass zusammenhängen, denen Sie auf dem Weg hin zum Frieden mit den Eltern nicht ausreichend Platz gegeben haben. Manche Menschen, zum Beispiel viele Brave Töchter und Brave Söhne, können nur schwer ihre negativen Gefühle zulassen. Manche sind der Überzeugung, eigentlich hätten sie keinen Grund, wütend zu sein – ihre Eltern seien doch so lieb und fürsorglich gewesen. Dabei lassen sie außer Acht, dass auch überbehütende Eltern wütend machen können. Manche spüren ihre Wut überhaupt nicht, denn die Bedrohung wäre zu groß. Sie wären dann nicht mehr das »liebe Kind«, und aus dem Strudel der heftigen negativen Empfindungen kämen sie vielleicht nie wieder heraus. Manche befürchten auch in einer Art von kindlich-magischem Denken, die Eltern würden es nicht überleben, wenn sie die Wut des Kindes mitbekommen würden.

Menschen, die sich mit den dunkleren Seiten in ihrem Inneren schwertun, sind nur allzu schnell bereit, die »alten Sachen« zu lassen, wenn ihnen vermittelt wird, wie wichtig dies für sie selbst ist. Sie spüren vielleicht ein gewisses Unbehagen, übergehen es jedoch. Bedrohliche Gefühle werden unter der Decke gehalten oder immer wieder unter den Teppich gekehrt. Doch einer so erreichten oder aufrechterhaltenen Harmonie fehlen Kraft und Stabilität. In solchen Fällen ist es nötig, den negativen Gefühlen in einem Zwischenschritt endlich Raum zu geben. Spüren Sie nach, ob Wut und Groll bisher ausreichend Platz bekommen haben. Lassen Sie diese Empfindungen gegebenenfalls zu – aus der Sicht des Kindes sind sie verständlich und berechtigt. Dann verabschieden Sie sich bewusst von ihnen, gehen vielleicht nochmals in die damit verbundene Trauer und schauen dann entschieden nach vorne.

Rückfälle in alte Verhaltensmuster geschehen auch aus dem Grund, dass Menschen doch noch nicht wirklich alle Vorwürfe weggelegt haben oder immer noch für ihre Eltern mittragen, ohne dass ihnen dies bewusst ist. Vorwurfsvolle oder kritische Untertöne im Gespräch mit der mal wieder ungerechten Mutter, scheinbar fürsorgliche Bevormundung gegenüber dem gebrechlichen Vater, Selbstüberforderung in der Erfüllung von Besuchswünschen der alten Eltern oder Erwartung von Lob und Anerkennung, all das kann Ausdruck davon sein, dass das Nehmen und das Lassen der Eltern noch nicht in vollem Umfang vollzogen ist. Prüfen Sie sorgsam, ob Sie an dem einen oder anderen Punkt noch Handlungsbedarf sehen.

Folgende Fragen können Sie bei Ihrer Selbstprüfung unterstützen: Brauche ich immer noch etwas von meinen Eltern, was ich bisher nicht oder nicht ausreichend bekommen habe? Kämpfe ich immer noch um ihre Liebe? Habe ich wirklich die innere Erlaubnis, die Eltern alleine zu lassen und mich ganz um mein eigenes Leben zu kümmern? Kann ich meine Eltern achten für ihre Lebensleistung? Kann ich sagen: »Es ist für mich in Ordnung, dass ich euer Kind bin«, oder habe ich doch noch Vorwürfe, wo sie versagt haben, was sie alles hätten besser machen können, wenn sie sich nur bemüht hätten?

Möglicherweise ist wieder eine der vielen »Glaubenssatzfallen« zugeschnappt. Dann könnte Ihnen weiterhelfen, sich nochmals in die entsprechenden Kapitel im ersten Teil unseres Buches zu vertiefen. Außer den dort genannten Fallen gibt es noch weitere, in die vor allem diejenigen Menschen leicht geraten, die schon viel an sich und an ihrer Elternbeziehung gearbeitet haben. Sie meinen, da sie schon so viele Vorleistungen erbracht haben, müsste endlich zumindest ein wenig von ihrem Vater oder von ihrer Mutter zurückkommen, und sie erleben es als ausgesprochen ungerecht, wenn dies nicht der Fall ist. Der Vater müsste doch endlich einsehen, was er alles falsch gemacht hat, und die Mutter könnte sich doch wenigstens für alle erhaltene Unterstützung bedanken. »Eltern müssen gerecht sein, und sie müssen Fehler eingestehen können« – entgegen dieser Erwartung sind Eltern in Wirklichkeit nicht besser und nicht fähiger als andere Menschen auch!

Vielleicht steht auch an, dass Sie sich nochmals mit dem Lebensrucksack Ihres Vaters befassen, der ohne Vater aufgewachsen ist, oder dass Sie noch tiefer als bisher in die Kindheit Ihrer Mutter eintauchen, die als unerwünschtes Kind keinen wirklichen Platz in der Familie hatte und von ihrer eigenen Mutter viel aushalten musste. Wenn Sie bisher trotz intensiver Beschäftigung mit den Fakten nur schwer Zugang zur Geschichte Ihrer Eltern gefunden haben, könnte es für Sie eine Hilfe sein, wenn Sie die Lebensgeschichte Ihres Vaters oder Ihrer Mutter aufschreiben, und zwar in Ich-Form, angefangen bei der Kindheit bis in die Gegenwart. Schauen Sie besonders darauf, was Ihre Geburt für Ihre Mutter und Ihren Vater bedeutet hat und wie Ihre Eltern Sie als ihr Kind erlebt haben – vielleicht waren Sie als Kind ja eine echte Herausforderung mit Ihrer unbändigen Energie und Ihrem Widerspruchsgeist. Oder Sie waren derart überzeugend das brave, zufriedene Kind, dass Ihre Eltern Ihre innere Einsamkeit nicht bemerkten und wirklich glaubten, es ginge Ihnen rundum gut.

Wenn Sie in dieser Weise versuchen, die Welt mit den Augen der Eltern zu sehen, werden Sie Ihre Eltern besser verstehen und manches anders beurteilen. Das, was Sie bisher der Mutter insgeheim doch noch als Egoismus ausgelegt haben, begreifen Sie plötzlich als Ausdruck ihrer inneren Not und Verlorenheit. Oder hinter der autoritären Strenge Ihres Vaters, unter der Sie so gelitten haben, entdecken Sie die Verletztheit des schwächlichen Jungen, der von seinen Geschwistern und Kameraden in seiner Kindheit und Jugend viel hatte einstecken müssen und das nie wieder erleben wollte. Vielleicht wäre es hilfreich, wenn Sie das eine oder andere Ritual wiederholen oder neu vollziehen würden, damit Sie in Ihrem erwachsenen Stand sicherer werden. Bisweilen empfiehlt es sich, sich von Neuem auf den Weg zu machen, um das schon Erreichte zu festigen.

Sofern Sie nach sorgfältiger Prüfung Ihrer eigenen Haltung gegenüber Ihren Eltern zu dem Ergebnis kommen, Sie haben das Ihre getan, und trotzdem ist es nach wie vor zwischen Ihnen und Ihren Eltern schwierig oder die Eltern bleiben unversöhnlich, empfehlen wir Ihnen, sich noch mehr als bisher auf Ihre eigene Kraft zu besinnen. Geben Sie sich selbst die Anerkennung, die Sie von Ihren Eltern nicht bekommen haben und höchstwahrscheinlich auch nicht mehr bekommen werden. Geben Sie ganz bewusst die Erwartung auf, die Beziehung könnte sich noch grundlegend ändern. Manche Eltern sind nun mal immer wieder ohne erkennbaren Grund vorwurfsvoll oder aggressiv gegenüber ihren erwachsenen Kindern, wissen alles besser oder kreisen nur um sich selbst.

In dem Kapitel »Wenn die Eltern fordernd oder übergriffig sind« haben wir bereits erläutert, dass Sie sich nicht alles von den Eltern gefallen lassen müssen, und haben Ihnen das Ritual der doppelten Handbewegung vorgestellt: Die eine Hand signalisiert Offenheit, die andere bringt ein klares Stopp zum

Ausdruck. Doch es gibt Eltern, die sich wirklich extrem verhalten, völlig distanzlos und ohne jeglichen Respekt. Dann kann es sein, das Ritual der doppelten Handbewegung bleibt wirkungslos, sooft Sie es auch üben und einsetzen. In diesem Fall können Sie – um im Bild zu bleiben – mit beiden Händen ganz entschieden ein klares Nein ausdrücken. Vor einer Begegnung können Sie sich mental vorbereiten und genau überlegen, wie Sie beim nächsten Angriff ganz konkret und kraftvoll mit Worten oder Handlungen noch nachdrücklicher Widerstand leisten wollen.

Sofern Ihre Eltern sogar dieses unmissverständliche Signal »Bis hierher und nicht weiter!« missachten und die Beleidigungen, Herabsetzungen und sonstigen Angriffe weitergehen, sollten Sie sich dieser entwürdigenden Situation nicht öfter als unbedingt erforderlich aussetzen. Um Ihrer Würde willen kann es sogar nötig sein, dass Sie den Kontakt zu Ihren Eltern für eine gewisse Zeit unterbrechen. Möglichweise bewirkt dieser einschneidende Schritt doch noch ein Umdenken bei Ihren Eltern, und sie bemühen sich bei einem Treffen irgendwann später um eine gewisse Mäßigung. Den Kontakt auf Dauer und vollständig abzubrechen halten wir nur in ganz extremen Ausnahmefällen für angesagt – in der Regel geht es den erwachsenen Kindern besser, wenn sie nicht die Flucht ergreifen und das Feld räumen, sondern es schaffen, ihren Stand zu behaupten, mit Abstand zu den Eltern und zu ihren eigenen Bedingungen.

Manche Menschen haben von beiden Eltern wirklich nur Schlimmes erfahren und finden trotz aller Bemühungen keine gute Erinnerung an Vater und Mutter. Das kann ein anhaltender großer Schmerz sein und auch starke Selbstzweifel auslösen. Doch trotz allem Schlimmen: Ihr Leben haben Sie nun mal von diesen Eltern. Nehmen Sie dieses Geschenk mit Dank und grenzen Sie sich im Übrigen innerlich konsequent ab.

Lassen Sie es ganz bei Ihren Eltern, was diese Ihnen angetan haben oder was diese Ihnen nicht geben konnten – es hat nicht an Ihnen gelegen, sondern hat mit dem Lebensrucksack Ihrer Eltern zu tun. Manche Väter und Mütter sind aus unterschiedlichen Gründen nur sehr begrenzt dazu fähig, Liebe zu empfinden und zu geben. Andere haben ein sehr eigentümliches Verständnis von Liebe, das zum Beispiel das Prügeln der eigenen Kinder einschließt.

Auch hier gilt: Besinnen Sie sich auf Ihre eigene Kraft. Schauen Sie auf das, was Ihnen trotz mangelnder Unterstützung und ungeachtet der vor Ihnen aufgetürmten Hindernisse gelungen ist, und würdigen Sie sich selbst dafür. Kinder, die sich von ihren Eltern nicht geliebt und allein gelassen fühlen, entwickeln in vielen Fällen besondere Qualitäten und Fähigkeiten: Selbstständigkeit, Vertrauen auf die eigene Kraft, Leistungsbereitschaft, aber auch Einfühlungsvermögen, Verantwortungsbewusstsein und Einsatzbereitschaft für andere. Bewerten Sie Ihre eigene Geschichte neu nach dem Motto: »Auch aus Steinen, die einem in den Weg gelegt werden, lässt sich Schönes bauen.« Erinnern Sie sich daran, wer Sie auf Ihrem steinigen Weg unterstützt hat oder was Ihnen gutgetan hat, und greifen Sie innerlich auf diese Kraftquellen zurück.

Eines sollten Sie in Ihrem eigenen Interesse auf keinen Fall tun, wenn Sie eine schwere Kindheit hatten: Sie sollten sich nicht Ihr Leben lang in der Opferrolle einrichten, auch nicht so ganz insgeheim oder nur in einem Winkel Ihres Herzens. Wenn Erwachsene immer wieder ihrer Mutter oder ihrem Vater oder beiden die Schuld geben dafür, dass es ihnen so schlecht geht, ist das so, wie wenn immer wieder die bekannte alte Schallplatte aufgelegt wird, bei der der Tonkopf immer wieder in dieselbe Rille springt. Durch die häufige Wiederholung eines Vorgangs ändert sich rein gar nichts. Sich als das Opfer zu fühlen ist wie ein Baden in Selbstmitleid. Es dient dazu, immer wieder einen vertrauten Schmerz zu spüren, und hat den Vorteil, einen oder sogar zwei Schuldige zu haben und selbst nichts ändern zu müssen. Leiden ist oft leichter als lösen.

Aus dem Hamsterrad herauszutreten und für sich selbst Verantwortung zu übernehmen kann sehr anstrengend sein. Doch wer sich als Opfer fühlt und weiter auf die »Schuldigen« ausgerichtet bleibt, schwächt sich mit seinem Selbstmitleid und nimmt sich selbst einen Teil seiner Lebensmöglichkeiten. Richtig erwachsen kann nur werden, wer Verantwortung für das eigene Wohlergehen übernimmt.

Damit sind wir beim letzten Teil dieses Kapitels. Wie Sie gedanklich mit sich und Ihrer Geschichte umgehen, stellt Weichen für Ihr weiteres Leben. Positive und negative Gedanken beeinflussen, wie wir uns fühlen und wie unser Körper reagiert. Es ist nicht so, dass wir unseren Gedanken ausgeliefert wären und nicht lernen könnten, sie zu steuern. Darauf haben wir im Kapitel »Veränderung beginnt im Kopf« schon hingewiesen. Es gibt vielerlei Techniken, die eigenen Gedanken so zu trainieren, dass sie nicht einengen, sondern das Herz eher weit machen. Manche Menschen machen lange Spaziergänge, damit ihr Geist zur Ruhe kommt, andere tanzen oder meditieren. Wieder andere machen Körperübungen, lernen zum Beispiel über das Atmen, mehr in ihre Mitte zu kommen, oder sie machen Yoga oder Qi Gong.

Alle diese Übungsformen können dazu verhelfen, zwanghaft ablaufende innere Kreisbewegungen zu unterbrechen und neue Freiräume zur Gestaltung des eigenen Lebens zu eröffnen. Sie können Menschen in ihre innere Kraft führen und ihre »Sehkraft für das Wesentliche« stärken. Vielleicht fühlen Sie sich von der einen oder anderen Methode angesprochen und probieren diese einmal aus. Vermutlich werden Sie feststellen:

Sie können tatsächlich Ihre Gedanken und Gefühle zunehmend beeinflussen und können gelassener mit alten Verletzungen und aktuellen Herausforderungen umgehen, ganz allgemein und speziell auch bezogen auf Ihre Eltern.

Wenn ich andere Lebensthemen habe: Die Elternbeziehung als Generalschlüssel

»Wie hast du es mit deinem Vater, und wie hast du es mit deiner Mutter?« – diese Frage ist für uns im Laufe unserer Arbeit zunehmend in den Blick geraten. Die Anliegen, mit denen Menschen zu uns kommen, haben zwar auf den ersten Blick oft nichts mit ihren Eltern zu tun. Doch bei näherem Hinsehen zeigt sich häufig eine Tiefendimension, die leider oft übersehen wird. Bei erstaunlich vielen Fällen von Anliegen ist die Elternbeziehung der Schlüssel für eine gute Lösung. Wir bezeichnen sie daher als Generalschlüssel für das Finden von Lösungen bei unterschiedlichsten Lebensthemen.

In unseren bisherigen Ausführungen war schon mehrfach Thema, wie sich die Beziehung zur eigenen Mutter oder zum eigenen Vater auf den Bereich Partnerschaft auswirken kann. Ob eine Paarbeziehung auf Dauer gelingt, schwierig wird oder gar scheitert, hängt ganz zentral damit zusammen. Sowohl bei zu großer Nähe als auch bei zu großer Distanz zu den Eltern sind Schwierigkeiten bei der Partnersuche sowie heftige Krisen in der Paarbeziehung vorprogrammiert.

Sie erinnern sich vielleicht an das Beispiel von Herrn U., dem das Ritual der doppelten Handbewegung weiterhalf. Seine Frau hatte mit Scheidung gedroht, weil er sich nicht gegen seine dominante Mutter durchsetzte, die seit ihrer eigenen, weit zurückliegenden Scheidung ganz auf ihren Sohn ausgerichtet war. Ein anderes schon beschriebenes Beispiel ist Frau

P., die sich selbst nicht würdigen konnte. Von ihren Eltern hatte sie zeit ihres Lebens ganz viel Abwertung erfahren. Dass ihre Ehe scheiterte, ist deshalb nicht verwunderlich. Sie hatte früh ihre Jugendliebe geheiratet, um die bedrückende Atmosphäre daheim hinter sich zu lassen, doch durch ihr geringes Selbstwertgefühl und ihre übergroßen Erwartungen an ihren Mann trug sie unbewusst zum Scheitern ihrer Ehe bei.

Ein unfreiwilliges Single-Dasein hat nicht selten seine Wurzeln in der besonderen Beziehung zum Vater oder der Mutter. Das war schon ausführlich Thema in dem Kapitel »Nicht zu nah und nicht zu fern«. Frau Ü. zum Beispiel wurde immer wieder von ihren Partnern verlassen. Es zeigte sich: Sie stand innerlich als Stütze neben ihrem Vater, der seine Mutter als Kind verloren hatte, während sie das Verhältnis zu ihrer Mutter als angespannt beschrieb. Erklärtermaßen wollte sie »bloß nicht so werden« wie ihre Mutter und schnitt sich dadurch unbewusst ab von der weiblichen Kraft, die nun mal von der Mutter und nicht vom Vater kommt.

Auch dann, wenn es nicht um Partnerschaftsthemen geht, führt der Blick auf die Elternbeziehung oft schnell auf die richtige »Fährte«. So kann es zum Beispiel bei beruflichen Schwierigkeiten ebenfalls um zu viel Nähe, aber auch um zu viel Distanz zu den Eltern oder einem Elternteil gehen. Zu viel Nähe kann bewirken, dass Menschen aus unbewusster Loyalität gegenüber den Wünschen von Vater oder Mutter einen ungeliebten Beruf ergreifen oder in einer Stelle durchhalten, die nicht für sie passt. Es kann auch heißen, genauso erfolglos oder unglücklich im Beruf zu werden, wie der Vater es war, oder als Frau nicht Karriere zu machen, weil die Mutter nicht berufstätig war.

Bei zu viel Abstand, also wenn Erwachsene nicht im Reinen sind mit ihren Eltern, insbesondere mit ihrem Vater, kann es ebenfalls berufliche Probleme geben. Vielleicht erinnern Sie sich an das Beispiel von Herrn A., der voller Vorwürfe gegenüber seinem Vater war und sich beruflich stark unter Druck und ohne Perspektive erlebte. Er würdigte in einem Ritual seine Großeltern väterlicherseits, die im Zweiten Weltkrieg viel Schweres mitgemacht hatten. Danach konnte er viel freundlicher auf seinen Vater schauen, der es als Nachkriegskind nicht leicht gehabt hatte. Mit seinem Vater im Rücken war er in der Lage, gestärkt seine beruflichen Schwierigkeiten anzugehen.

Manche Menschen fühlen sich ganz allgemein kraftlos oder unfähig, Entscheidungen zu treffen. Manche verhalten sich, wenn es um bestimmte Themen geht, wie zum Beispiel Wohneigentum oder Geld, immer wieder völlig irrational, oder sie haben unerklärliche Ängste vor Krankheit oder Verarmung. Viele leiden unter Depressionen oder haben das Gefühl, ihr Leben nicht auf die Reihe zu bringen. Andere können einfach nicht Nein sagen, fühlen sich ständig überfordert oder erleben sich als ohnmächtig gegenüber ihren heranwachsenden Kindern. Wieder andere kämpfen mit Alkoholproblemen, oder sie sind in ihrem Essverhalten gestört.

In all diesen Fällen gibt es in der Regel einen engen Zusammenhang mit der Familiengeschichte. Sie achtsam in den Blick zu nehmen kann oft entscheidend weiterhelfen. Vereinfacht ausgedrückt ist es wie bei einem Motor, dessen Einspritzung nicht ohne Störungen funktioniert. Er läuft dann nicht rund und ist immer wieder in Gefahr, auszufallen. Werden Zündung und Einspritzung optimal eingestellt, kann der Motor wieder ohne Störungen laufen.

Am Beispiel von Frau S. wird dies deutlich: Frau S. ging es seit Monaten körperlich und seelisch sehr schlecht. Aufgrund ihrer Depressionen hatte ihr Arzt ihr dringend eine Psychotherapie empfohlen. Die Befragung zu ihrer Familiengeschichte ergab, ihr Vater hatte am Russlandfeldzug teilgenommen und danach sechs Jahre in russischer Gefangenschaft verbracht. Ihre Mutter war mit ihr und einem Bruder aus Ostpreußen vertrieben worden. Aufgrund ihrer Rolle als Flüchtlinge hatten sie nach ihrer Ankunft im Westen einen sehr schweren Stand, was sich auch nicht wesentlich änderte, als ihr Vater im Jahre 1951 aus der Gefangenschaft zurückkam. Frau S. wurde außerordentlich tüchtig. Doch nach dem Ende ihres Beruflebens fiel sie in ein seelisches Loch. Das Schwere, das es in ihrer Familie gab, holte sie ein. Sie war damit überfordert und reagierte mit Depressionen.

Es wurde leichter für sie, als sie genau hinschaute, was zu ihr gehörte und was zu ihren Eltern. Sie benannte es im Einzelnen und verneigte sich dann jeweils respektvoll vor ihrer Mutter und ihrem Vater. Ihre Eltern zu würdigen, das tat ihr sichtlich gut. So konnte sie ohne große Anstrengungen die Lasten an ihre Eltern zurückgeben. Das Schwere in ihrem eigenen Leben bekam durch das Schwere ihrer Eltern gleichsam einen Rahmen. Es wurde dadurch überschaubarer und irgendwie leichter und kleiner. Frau S. fand ihren Frieden mit ihren Eltern und konnte ihrer Kindheit zustimmen, so, wie sie war. Danach fühlte sie sich gut und stark, im Einklang mit ihrem Schicksal. Ihre Depressionen waren wie weggeblasen.

Auch bei schweren körperlichen Krankheiten kann es sinnvoll sein, die Familiengeschichte in den Blick zu nehmen. Vielfach erleben es die Betroffenen als entlastend, wenn Lasten dorthin zurückgegeben werden können, wo sie hingehören. Für andere ist es eine Erleichterung, wenn sie das Nehmen der Eltern üben, denn Vorwürfe, Ablehnung und Widerstand sind einem Heilungsprozess nicht gerade förderlich.

Ein respektvoller Umgang mit dem, was war, speziell mit dem, was das Leben der Eltern überschattet hat, wirkt sich in der Regel befreiend aus auf alle Lebensbereiche. Wenn Sie Verstrickungen gelöst und Lasten zurückgegeben haben, wird Ihr Leben auf jeden Fall leichter werden. Ihr Rücken ist dann frei von dem, was Sie bisher, ohne es zu wissen, mit sich herumgetragen haben. Es lohnt sich, sich auf den Weg zu machen und die Lasten abzulegen.

Wenn ich mit meinen Eltern nur sehr schwer ins Reine komme: Die Geschichte von Ellen

Was sonst noch weiterhilft? Zum Abschluss ein ausführlicheres Beispiel. Eine Freundin von uns – nennen wir sie Ellen – hat uns folgenden Text geschrieben, den wir zum Schutz der Verfasserin etwas geändert haben:

»Ich bin Ende vierzig, zweimal geschieden und allein erziehend. Meine Mutter verstarb, als ich 20, mein Vater, als ich 26 Jahre alt war. Lange Zeit haderte ich mit meiner Kindheit und fand keinen Frieden mit meinen Eltern. Wenn ich heute meinem Leben ein Motto als Überschrift geben müsste, dann würde es lauten: ›Lerne, über dem Dunkel die Sonne aufgehen zu lassen‹, oder: ›Schaue nicht immer nur nach dem Mangel in deinem Leben, sondern nach dem, was du erreicht hast und weiterhin erreichen kannst.‹

Meine Eltern wohnten mit uns drei Kindern im Haus der Eltern meiner Mutter. Ich bin das jüngste Kind und war nicht mehr erwünscht. Wie ich später erfuhr, habe ich einen Abtreibungsversuch überlebt. Die Großeltern wohnten unten, wir oben. Es herrschte Kontrolle seitens meiner Großeltern auf Schritt und Tritt. Der Großvater war ein Despot, die Großmutter gütig und duldsam. Meine Mutter war eine brave Tochter und fügte sich. Mein Vater wollte der liebe Schwiegersohn sein. Auch er traute sich nicht, den Schwiegereltern etwas entgegenzuhalten. Schließlich ›wohnte man kostengünstig‹. So wuchsen wir Kinder unter ständiger Beobachtung und Gängelung auf, die uns nicht guttaten. Wir durften kaum Freunde einladen, weil die Eltern nicht viel Geld hatten. Mein Vater war ein schlecht bezahlter kleiner Beamter, meine Mutter Hausfrau. Sie nähte viel für uns Kinder – aus alten, hässlichen Stoffen, was mich meine Mitschülerinnen spüren ließen. Gehänseltwerden war an der Tagesordnung. Meinen Frust bearbeitete ich, indem ich viele Süßigkeiten aß und ein dickes, nicht sehr vorteilhaft anzusehendes Kind wurde.

Mein Vater war alkoholkrank. Er gehörte zu der Sorte der lieben, eher weinenden Betrunkenen. Fast täglich kam er angetrunken nach Hause. Ich hatte dann bei der Mutter zu sitzen und ihr Beistand zu leisten und durfte nicht spielen gehen. Sonst wurde ich als verrohter Mensch beschimpft, der keine Seele im Leib trage. Ich erinnere mich, acht Jahre alt gewesen zu sein, als ich begriff, dass ich ›in dieser Familie einfach keine Chance hatte‹. So habe ich es einmal in meinem Tagebuch formuliert. Ich träumte mich in Professorenfamilien hinein und hatte auch tatsächlich eher Freundinnen, in deren Elternhäusern ich geistige Nahrung bekam. Diese Freundinnen durfte ich von meiner Mutter aus aber nicht zu mir einladen. Das hätte ich auch sowieso nicht getan, schämte ich mich doch unendlich für mein Zuhause.

Ich litt unsagbar unter der rauen Sprache meiner Mutter. Sie war eine Qual in meinen Kinderohren. Sie beschimpfte den Vater mit übelsten Ausdrücken. Umso mehr liebte ich ihn und maßte mir an, ›die bessere Frau‹ für ihn zu sein, ihn viel besser zu verstehen, als die Mutter es tat. Mit acht Jahren beschloss ich, dass ich im Fall einer Trennung zum Vater gehen würde. Doch die Eltern trennten sich nicht. Sie lebten ihr Drama aus Streit, Trinkerei, Wutanfällen von Mutter und Rückzug von Vater, Hasstiraden der Schwiegereltern gegen unseren Vater, Eheringe-durch-die-Gegend-Werfen und Sich-Versöhnen. Meine Achtung vor beiden ging verloren.

Mutter aß maßlos Süßes trotz Diabetes. Sie erzählte beim Einkaufen ihren wenigen Freundinnen, dass sie am liebsten nicht mehr leben wollte. Ich weinte und flehte sie an, sich nichts anzutun, und sagte ihr einmal, ich hätte Angst um sie. Sie beschimpfte mich, ich solle mich nicht so anstellen, ich hätte doch sonst immer eine so große Klappe, wo die denn jetzt bliebe. Irgendwann gab ich auf, aufzubegehren, meine Meinung zu sagen, überhaupt mit meinen Eltern zu sprechen. Ich glaube, sie kannten mich kaum.

Als Kind schrieb ich viel Tagebuch gegen meine Trauer und Einsamkeit. Ich träumte von Befreiung aus diesem als leidvoll empfundenen Leben in meiner Herkunftsfamilie. Ich wette, ich bin eines der Kinder dieser Erde gewesen, die am inbrünstigsten beten lernten in ihrem Leben. Ich betete für die Gesundheit und Liebe meiner Eltern und für die Rettung meiner Geschwister und meiner selbst. Sie fand nicht statt. Also beschloss ich, dass es DEN Gott nicht gab. Ich erfand stattdessen Göttinnen, die ich anbetete – vielleicht kannten sie sich ja besser aus mit dem Schicksal und vor allem mit Gerechtigkeit für mich und mit meiner Seinsberechtigung und dem mir gemäßen Leben.

Diese Schilderungen mögen genügen, um das Gefühl meiner für mich existenziell immer sehr bedrohten Kindheit und Jugend deutlich zu machen. Mein Heilungsweg begann mit 26 Jahren, als mein Vater starb und meine erste Ehe spürbar zu Ende war. Damals begann ich eine erste Psychotherapie. Es ging um meine gescheiterte Ehe, um den Mann, den ich offensichtlich gewählt hatte, weil er sich für mich interessierte, obwohl die Mutter mich so fürchterlich empfand und immer behauptete, mich würde nie ein Mann nehmen. In meinem ersten

Mann steckte eine Person, die mich ganz und gar wollte – viel mehr, als ich damals ertrug. Zur Bearbeitung der Beziehung zu meiner sechs Jahre zuvor gestorbenen Mutter war es noch zu früh, ich war blockiert. Um meinen Vater ging es erstaunlicherweise kaum – auf wundersame Weise hatte ich mich schon im Anblick seines Sterbens und Todes mit ihm ausgesöhnt.

In den Jahren vor dem Tod meines Vaters war ich so wütend auf ihn, dass ich gegenüber meinem damaligen Ehemann den Satz aussprach: ›Wenn der stirbt, weil der Suff ihn dahinrafft, und wenn er vorher nichts dagegen tut, dann spuck ich ihm allenfalls ins Grab.‹ Ich wollte einen starken Vater und musste immer mit ansehen, wie schwach er war, wie er es sich selbst immer schlechter gehen ließ, wie wenig Disziplin er für sich selbst aufbringen konnte. Was mich trotzdem an das Krankenbett meines Vaters zog, weiß ich nicht – vermutlich mein zu der Zeit sehr wirksames ›Brave-Tochter-Syndrom‹. Ich befand mich damals mitten in der Prüfungsphase meines Pädagogikstudiums. Die immer umfangreicher gewordene Diplomarbeit lag hinter mir, bewertet mit Note eins, zum Thema ›Motivation alkoholkranker Menschen in der Entgiftungsphase‹ – welche Ironie! Wenigstens hatte ich es versucht, meinen Vater zu retten …

Drei lange Wochen saß ich am Sterbebett meines Vaters und sah zu, wie die Blutung, die er sich während eines Sturzes in betrunkenem Zustand zugezogen hatte, in seinem Kopf immer mehr Bereiche zerstörte. Am Ende konnte er nicht mehr mit mir sprechen. Da geschah etwas Seltsames: Es sprach und handelte mich an seinem Bett. Ich weiß nicht, wer da saß – die 26-jährige Ellen sprach einen so erwachsenen Dank an diesen Mann, der vor ihren Augen immer mehr verfiel, ohne wirklich ihr Vater gewesen zu sein, der sie immer nur finanziell versorgte … nicht aber liebend … oder doch? Das war nicht mehr wichtig, ich war in Frieden mit ihm.

Meinem Vater hatte ich nur kurz und heftig während meiner Studienzeit gegrollt. Ihn hatte ich ja immer geschont. Ich sah in der aufgeregten keifenden Mutter mein schlimmstes Übel. Erst sehr spät wurde mir Vaters Anteil an dem Leid meiner traurigen Kindheit klar. Nach seinem Tod konnte ich mich selbst von meinem eigenen inneren Sockel herabholen, mich als Kind wieder in die rechte Position rücken, auch meinen Vater wieder in das rechte Licht rücken, das ihm zusteht. Und jetzt bleibe ich seine erwachsene Tochter.

Mit meiner Mutter dauerte der Weg der Versöhnung länger. Erst 16 Jahre nach ihrem Tod suchte ich mir einen Therapeuten, der mir helfen sollte, das Thema mit meiner Mutter endlich zur Ruhe zu bringen. Er fragte mich: ›Wie machst du das, dass du 16 Jahre diese Wut auf deine Mutter konservierst? Und weißt du eigentlich, wie viel Kraft das kostet?‹ Mein Therapeut fragte mich auch, wie meine Mutter gelebt hatte. Ich weiß noch gut, dass ich mich einerseits nicht verstanden fühlte von diesem Therapeuten und ihm grollte. Zugleich ließ mir seine Frage, wie ich es schaffte, meine Mutter über 16 Jahre diese Macht über mich haben zu lassen, keine Ruhe mehr.

Ab diesem Zeitpunkt wollte ich herausfinden, ob ich das Recht hatte, meiner Mutter so lange und so heftig zu grollen. Wenn ich mir vorstellte, wie belastet meine Mutter gelebt hatte, unter permanenter Beobachtung der Großeltern, konnte ich fast so etwas wie Sympathie für sie empfinden. Ich spürte, dass ich viele Fragen an sie hatte. Nach einiger Zeit stellte sich fast so etwas wie Trauer darüber ein, dass ich sie im realen Leben nie mehr fragen konnte, warum sie so und nicht anders gehandelt und sich selbst nie aus ihren Zwängen befreit hatte.

In dieser Zeit suchte ich meine Fotoalben nach Bildern durch, die eine positive Verbindung zwischen meinen Eltern und mir dokumentierten. Es gab jeweils eines, das mich bei Mutter und

Vater auf dem Arm zeigte. Ich ließ die Fotos abfotografieren und vergrößern. Sie hängen noch heute vereint in einem Rahmen bei mir an einem Familienfoto-Sammelplatz in meiner Wohnung. Ich zündete der kleinen Ellen und ihren Eltern öfter Kerzen vor diesen Fotos an – rückwirkend sollte das Schwere, Dunkle heilen können. Außerdem schrieb ich in Gedanken Briefe an meine Mutter. Ich ließ mir das Frauenzeichen schmieden und trug es an einer goldenen Kette, die ihr gehört hatte. Ich trennte mich in Liebe von Dingen, die ich mit der Enge meines Elternhauses verband. All das waren Zwischenschritte auf meinem Weg zu ihr.

Die wesentliche Wende passierte dann erst mit meinem 40. Lebensjahr, als mir klar wurde, dass auch meine zweite Ehe gescheitert war. Es gab Situationen vor, in und nach meiner Trennungszeit, in denen ich nächtelang wachte und/oder weinte, mich endlos allein und hilflos fühlte und glaubte, alles nicht zu schaffen. Ich hörte mich selbst Klagesätze sprechen, die auch meine Mutter immer gesagt hatte. So ähnlich waren wir uns also!

Damals hatte ich viele Theorien und Therapiesequenzen im Kopf. Ich kannte heilende Sätze aus Familienaufstellungen und so manches Ritual, das helfen konnte, Schweres loszulassen. So kam mir dann die Idee, meinen längst verstorbenen Eltern einen langen Brief zu schreiben. Es schrieb mich geradezu an sie. Ich fuhr zu ihrem Grab, las ihnen den Brief laut vor und buddelte den Brief in die Erde ihrer Grabstelle. In diesem Brief standen als Essenz Sätze wie: ›Ich kann es auch nicht besser als ihr. Meine Ehe ist gescheitert. Lange habe ich mit euch gehadert. Heute weiß ich, auch ihr habt euer Bestes gegeben und unser aller Wohl gewollt.‹ Und einen ehrlichen und aufrichtigen Dank enthielt mein Brief an meine Eltern. Ich werde nie vergessen, wie die Amsel kam, sich einen Meter neben mir auf den Grabstein meiner Eltern setzte und lauthals das schönste Lied sang. Ich weinte entlastende Tränen in dem sicheren Wissen, dass meine Mutter speziell diese Amsel zum immer versöhnenden Gruß geschickt hatte.

Letztendlich war mir eine Hinwendung zu meiner Mutter nur durch mein eigenes Leid möglich, durch das Spüren, wie schwer es ist, allein mit den Kindern dazustehen. Ich weiß, wie eng sich das Leben da manchmal anfühlen kann und welche Überforderung es bisweilen bedeutet. Auch meine Mutter muss sich schließlich in den Phasen der Trinkerei meines Vaters wie eine Alleinerziehende gefühlt haben, da er außerstande war, Präsenz zu zeigen. Parallelen zwischen unseren Lebensverläufen zu entdecken und anzuerkennen half mir zu meinem Frieden mit ihr.

Heute schaue ich nicht mehr nach einem Fehlverhalten und einem Versagen meiner Eltern. Heute habe ich nicht mehr die Phantasie, sie schuldeten mir etwas. Heute fühle ich, dass meine Eltern genau richtig waren für mich. Ich konnte nur die werden, die ich heute bin, weil ich genau diese Eltern hatte. Immer mehr lerne ich, mich selbst ganz in Ordnung und liebenswert zu finden. Sie schulden mir nichts. Sie haben alles gegeben, was ihnen damals möglich war. Es kam mir über eine lange Zeit wenig vor. Heute weiß ich, es hat sie viel gekostet an Kraft und Entbehrungen, uns drei Kinder so weit zu begleiten, wie es ihnen gelungen ist. Mehr war ihnen in ihrem Kontext nicht möglich. Vor allem das Scheitern meiner eigenen Ehen hat mich Demut gegenüber dem Leben gelehrt. Ich wollte viel, und habe es nicht bekommen. Ich war voll bester Absichten, und es ging nicht gut. Diese Einsicht lässt mich auch sanft zu meinen Eltern zurückblicken: Auch sie wollten wohl viel und sind mit manchem gescheitert.

Immer wieder, wenn ich anderen Menschen, besonders wenn sie auch Bruchteile meiner Kindheitsverzweiflung kennen, weitergebe, dass Frieden mit den Eltern möglich ist, höre ich sie fragen: ›Machst du dir selbst nicht etwas vor? Wie kannst du nur aus all dem dir Geschehenen heute Gutes machen? Redest du dir da nichts schön?‹ Dann kann ich nur sagen: ›Nein! Ich behalte doch im Blick, wie schwer es für mich war. Aber ich kann mir heute innerlich zulächeln und die kleine Ellen umarmen und ihr danken für ihre Phantasie, mit der sie Göttinnen erschuf, und mich freuen, dass sie ihre kleinen inneren Heilungsmechanismen damals schon in sich trug. Ich weiß auch weiterhin, was mir alles fehlte, was ich entbehrte und von meinen Eltern nicht bekam. Manchmal blitzt es noch auf, dieses ›wie schön‹ und ›so leicht kann es sein‹, wenn ich im Kontakt zwischen Eltern und ihren Kindern Leichtigkeit, fließende Liebe, Anerkennung mitbekomme, einfach so dahingegeben, geschenkt … Dann sind schnell noch einmal Tränen da. Doch ich habe mir inzwischen eine Haltung erarbeitet, nicht nur auf mein eigenes Leid zu blicken, sondern auch das zu sehen und zu achten, was meine Eltern zu tragen und zu meistern hatten in ihrer Zeit und in ihren damaligen Systemen. Und aus dieser Haltung heraus kann ich ihnen innerlich zunicken und Dankbarkeit spüren. Und nichts ist schöngeredet, sondern tief im Inneren verstanden und mit Demut angenommen. Und nicht zuletzt bin ich dabei, weiterhin zu lernen, wie ich mir selbst das geben kann, was ich in meinem Leben und zu meinem Glücklichsein brauche, und wie ich gut für mich selber sorgen kann.‹

Manchmal ist der Weg der aufrichtigen inneren Versöhnung mit den Eltern, so wie bei mir, ein langer Prozess, der von Rückschlägen und Durststrecken begleitet wird. Heute kann ich diese Rückschläge und Durststrecken als Aufforderungen und Prüfungen, als Fragen an uns ›Menschen auf dem Weg‹ verstehen: ›Was wollt ihr wirklich? Wie wollt ihr euer eigenes Leben sehen? Was von dem hinter euch wollt ihr liebevoll integrieren lernen, damit Ihr vorwärts ein wenig weniger stolpert und fröhlicher nach vorn laufen könnt?‹«

Zum Schluss

Ohne Wurzeln kein Wachstum. Es fehlt uns etwas Wesentliches, solange wir von unseren Wurzeln abgeschnitten sind oder uns selbst von ihnen abschneiden. Wesentliches fehlt uns aber auch, wenn wir so mit unseren Wurzeln verwachsen sind, dass Eigenes keinen Platz finden kann. Nur wenn wir in Einklang sind mit dem, was immer ein Teil von uns bleiben wird, und zugleich im Bewusstsein dieser bleibenden Verbundenheit achtungsvoll ein Stück Abstand davon nehmen, können sich innere Freiheit und Eigenständigkeit voll entfalten. Dabei ist uns wichtig: »Wurzelarbeit« bedeutet aus unserer Sicht nicht in erster Linie das »Aufarbeiten« dessen, was war. Zentral ist vielmehr das Hinschauen auf die systemischen Zusammenhänge und dann das Loslassen von Urteilen, Anklagen und Mittragen. Nur so kann sich ein Gefühl von Dankbarkeit und Leichtigkeit entfalten. Das schafft Freiräume für Eigenes.

Wenn Sie Ihre Augen und Ihr Herz öffnen für das Schwere, das Ihre Eltern schon als Kinder mitzutragen hatten, können Sie die Not, die Sie mit Ihren Eltern haben, in einem größeren Rahmen sehen. Das wird Ihnen guttun, weil Sie so einen inneren Zugang zu Ihrer Mutter und/oder Ihrem Vater finden können. Und das wiederum wird Ihnen erleichtern zu akzeptieren, ein Glied genau dieser Familie zu sein mit allem, was dazugehört. Verabschieden Sie sich von Ihren Urteilen und Glaubenssätzen, von Ihren kindlichen Gefühlen und von dem, was Sie einengt und belastet.

Nochmals: Zuerst geht es in der Regel darum, hinzuschauen, zu sehen, was in der Familie wirkt. Dann geht es um das Anerkennen und Annehmen, dass es so war, wie es war, ohne sich Schuhe anzuziehen, die nicht die eigenen sind. Drittens geht es darum, Vorwürfe loszulassen und das Schwere dahin zurückzugeben, wo es hingehört, sich von dem zu verabschieden, was daran hindert, ganz zu sich selber zu kommen. Das hat etwas mit Reifung zu tun, mit innerer Entwicklung, mit Ablösung von den Eltern. Was im Einzelnen noch speziell ansteht, ist von Fall zu Fall verschieden. Manchmal ist Gesundschrumpfen angesagt oder das konsequente Herausgehen aus der Opferrolle, manchmal das liebevolle Annehmenlernen, manchmal das Finden eines guten Abstands.

In Frieden mit den Eltern zu kommen und frei zu werden für das eigene Leben, das kann nur tief innen in der Seele geschehen. Passende Rituale haben dabei eine tief gehende Wirkung. Von der Wut über die Trauer zur Liebe, das ist mit ihrer Hilfe oft in kurzer Zeit möglich. Dazu bedarf es nicht langer Therapien. Danken, achten, würdigen, sich verneigen, eventuell symbolisch einen schweren Stein übergeben, all das wirkt entlastend. Wenn ein innerer Zugang zu dem, was war, möglich wird, ohne Vorwurf, dann fühlt sich vieles schlagartig leichter an.

Sie haben dann alle Voraussetzungen, sich zu entfalten und Ihr Eigenes zu leben. Haben Sie dabei Geduld mit sich selbst, denn alte Verhaltensmuster abzulegen ist nicht immer einfach. Es ist wie der Umzug in eine neue Wohnung. Er braucht Zeit. Bezogen auf die nicht immer einfachen Schritte können wir Sie ermutigen: Am Ende des Weges durch bisweilen steiniges Gelände warten Wiesen voller Blumen auf Sie.

Wir freuen uns über Rückmeldungen.
Beate Scherrmann-Gerstetter und Manfred Scherrmann
Großcomburger Weg 21, 74523 Schwäbisch Hall
info@manfred-scherrmann.de
www.manfred-scherrmann.de | www.brave-tochter.de